高校 標準問題集
– From Basic to Advanced –

論理国語

JN107556

受験研究社

はじめに

大学入試において必出の論理的な文章、いわゆる評論文を攻略するためには、その文章の論理構造に従って筆者の主張の展開を丁寧にたどり、誤りなくその主旨をつかむことが必要です。

この本では、図解によりそれがつかみやすくなるように工夫してあります。

論理的な文章の読解を苦手とする読者にとって、この本がその克服の一助となれば幸いです。

編著者しるす

本書の特色としくみ

本文

この本では、STEP Ⓐ から STEP Ⓑ へと文章の難易度順に配列してあり、評論文に苦手意識のある読者も、比較的読解が容易な文章から取り組むことができます。また、設問は内容把握に特化しており、自己の読解力を試しつつ、着実にその力を養うことができます。

解答・解説

解説では、文章中の重要記述を示しつつ、どのような流れで筆者の主張が展開されているかをわかりやすく図解しています(下図)。その流れを追いかけつつ、まずはしっかりと文章の内容を把握するようにします。そのあと、それぞれの設問の解説を読み、どのようなアプローチで正解に至ることができるかを十分に理解するようにします。

〈本文図解〉

赤アミを付した文章は、筆者の主張や抽象化された説明に対応する具体例が示された箇所です。どの主張や説明と関係づけられるか押さえながら読み進めるようにします。

筆者の議論における論理展開を図解で示しています。文章の中から重要な記述を取り出して議論の流れを追うことができるので、どのようなことが主張されているのかを容易につかむことができます。

重要な記述には傍線を付しています。特に筆者の主張が明確に表れている箇所は、赤色の傍線にしました。また、文章のキーワードにあたる言葉には二重傍線を付しました。

扱った文章について、全体の段落構成を示しています。筆者の説明の進め方をつかむことによって、文章内容が理解しやすくなります。

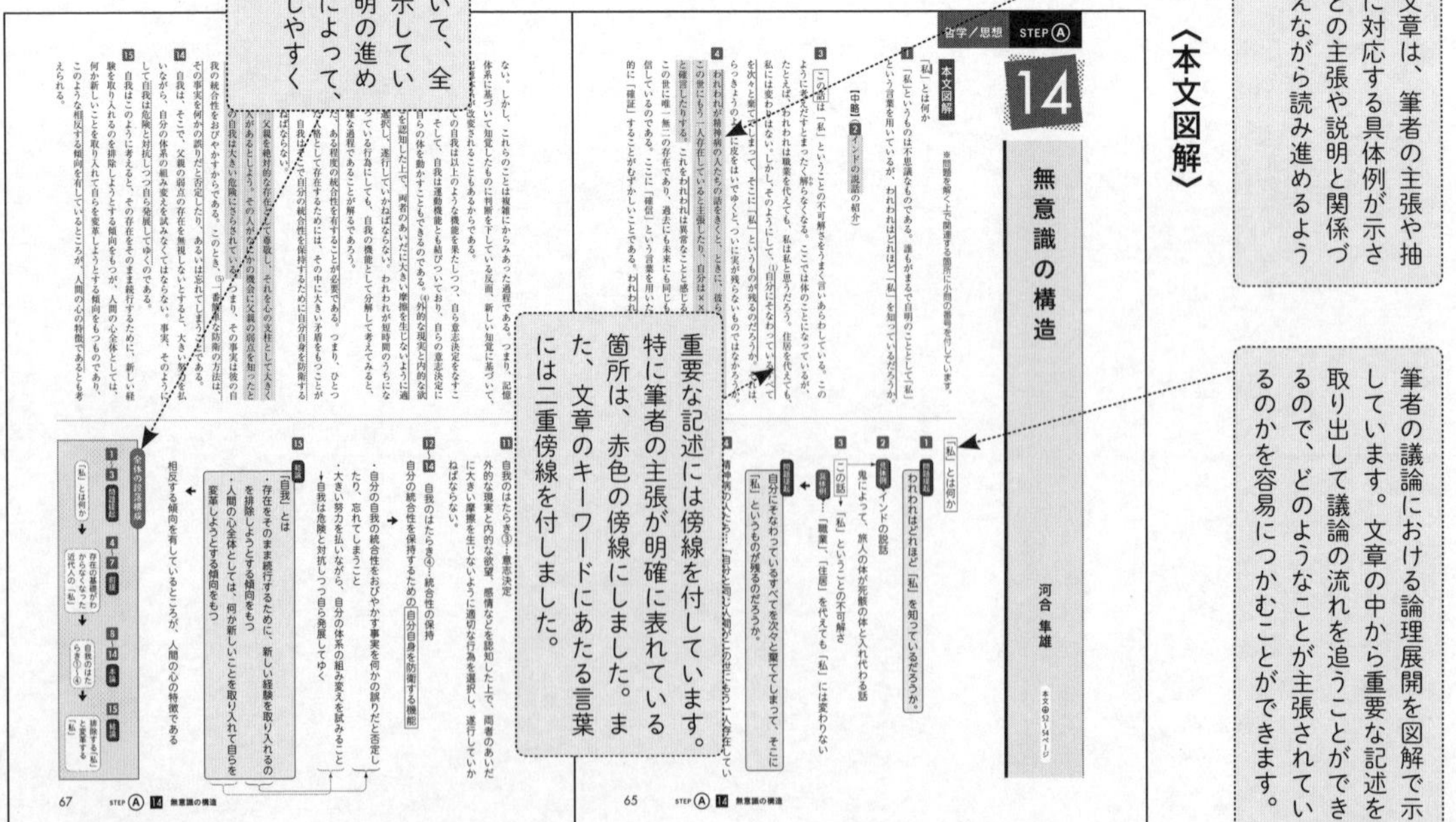

目次

本書に関する最新情報は，小社ホームページにある**本書の「サポート情報」**をご覧ください。（開設していない場合もございます。）

なお，この本の内容についての責任は小社にあり，内容に関するご質問は直接小社におよせください。

1 相手依存の自己規定

鈴木 孝夫

解答→別冊2ページ

● 次の文章を読んで、あとの問いに答えよ。なお、設問の都合により原文の一部を変更し、段落に[1]～[14]の番号を付した。

[1] 私たち日本人は、絶えず自分の本当の気持《きもち》、意のあるところを誰か適当な他人に分《わか》って貰《もら》うことを求めているらしい。他の人に賛成して貰いたい、同意して欲しい、共感を味わいたいという願望は私たちの他人との関係の中で、手を変え品を変えて各種の行動に現《あら》われてくる。何もかもぶちまけてしまいたい、すっかりしゃべって胸がせいせいするというような態度、日本の犯罪者の自白率が驚くほど高いという事実、外交の舞台でしばしば問題になる日本人の機密や秘密を保持することの難しさ、それらはすべて、重大な問題を一人心にしまって、それの重みにじっと耐えて行くという固く閉ざされた自我のしくみが、私たち日本人にはきわめて弱いのではないかと思われる。

[2] ①いま述べたようなきわめて印象的で大づかみな日本人の自我の構造は、私の考えでは私たちの人間関係の把握の様式と深い関係がある。それは日本人は自分がなんであるかという自己同一性の確認を[ⓐ]を基準にして行う傾向が強いからである。[ⓑ]の存在を先《ま》ず前提とし、[ⓒ]をその上に拡大投影して自他の合一をはかるか、[ⓓ]との具体的な関係において、[ⓔ]の座標を決定しながら自己確認を行うかのどちらかの方式をとる。どちらも相手を基準とする自己確認である点では共通のものと言える。

[3] いま述べた点を、もっと具体的な事実に基《もと》づきながら説明しよう。〈中略〉

[4] 現代の標準日本語には、話し手が自分を表《あら》わす一人称代名詞、そして相手を示す二人称代名詞が、それぞれ数個もあることが知られている。ところが実際に、ある特定の人物を限って、その人が日常の生活の中で自分および相手をどのように言語で表現しているかを調査して見たところ、意外な結果が出たのである。

[5] 第一に、②人称代名詞を使用する範囲が意外に限られているという事実である。それでは代《かわ》りに何を使っているかと言うと、自分および相手の、広い意味での資格や地位を表わすことばが使用されていることが分った。

[6] 例えば一家の長である男性は、子供と話すときには、自分のことを「おとうさん」とか、「パパ」と言う。兄は弟妹に向《むか》って、「お兄ちゃんのボールペンどこへやった?」などと言うのである。しかし弟が姉に対して自分のことを、「ねえ、弟ちゃんにこれちょうだいよ」というようなことは言わないし、男子が母親に向って、「息子は出掛けるよ」とも言わない。このような場合には、「ぼく」「わたし」のような代名詞を使うのである。

[7] 相手に直接呼びかける場合にも、お父さん、お母さん、おじさん、おばさん、にいさん、ねえさんなどは用いられるが、弟、妹、息子、娘、孫、甥、姪のような言葉は、いかに変形しても使用することはできない。このような親族に対しては名前か、二人称代名詞を使うのが普通である。その反面、親や兄姉には人称代名詞を使って呼びかけることはまれである。

8 こうした相手および自分を示す言葉の使い方は、家の外での社会的な場面においても見ることができる。学校の先生は生徒に対して自分のことを先生と言う。生徒の方は、先生を先生と呼んで、あなたなどとは言わない。会社でも、目上を職名・地位名で呼ぶのは普通であるが、二人称代名詞は用いられないのである。

9 そこでこのような原則に基いて、③一人の個人が生活の中でどのくらいの異なった自己の呼び方をするものかを次に見てみることにする。

10 年齢四十歳の小学校の先生Aには妻と男の子一人、そしてまだ大学生の弟がいる。他に近い親戚としては別居している父と兄がいる。この先生が、いくつ自分の呼び方を持っているかというと、少なく見て七種もあるのである。自分の子に対しては「おとうさん」、弟に対する時は「にいさん」、妻と話すときは「おれ」、父に対しては「ぼく」、兄に対しても同様である。隣の子に向っているときは「おじさん」、学校で生徒に教える時は「先生」、同僚に対しては「ぼく」、校長に対しては「私」であることが分った。

11 この人は話の相手が誰で、自分に対してどのような地位、資格を持っているかを見きわめた上で、その場に最も適切な言葉選びをしている。つまり相手の性質が、自分の自己を言語的に把握する角度に直接反映するのである。「自分は何者であるのか」ということが、「相手は誰か」に依存する構造になっていると言える。このような言語による自己把握の相対性は、少なくとも西欧諸国の言語にはまったく見られないことは特筆に価する。

12 英、独、仏のようなヨーロッパの言語では、話者が自己を言語的に表現する角度は、原則として一定不変であって、用語としては一人称代名詞のみが用いられる。私はこの型の自己把握を④絶対的な自己表現と呼んで、日本型の相対的自己表現と区別したのである。

13 さて、このような相手に依存する自己規定とは、自己が自己自身を見る視点を他者の立場に移すことを意味すると考えられる。人は自分を「おとうさん」として把握できるためには、自分の子供の視点から自分を見る必要がある。またある人が先生と自称しうるためには、生徒の立場から自己を見直さなければならないからである。

14 相対的な自己表現の言語習慣は、かくして必然的に相手の立場からの自己規定、他者を介しての自己同一性の確立という心理的パタンにつながっていくものと言えよう。これは自己と相手の立場の同一化と称することもできよう。自分が具体的な自分であるためには、相手が必要であり、その相手を通しての確認が要求されるからである。

---

(1) 傍線部①「いま述べたようなきわめて印象的で大づかみな日本人の自我の構造」とはどのような構造か。「他人」という言葉を用いて、あとの言葉につながるように二十五字以内で説明せよ。

ということができない自我の構造。

(2) ⓐ～ⓔに入る言葉の組み合わせとして最も適切なものを次から選び、記号で答えよ。

ア ⓐ自己 ⓑ自己 ⓒ他者 ⓓ他者 ⓔ他者
イ ⓐ自己 ⓑ他者 ⓒ他者 ⓓ自己 ⓔ他者
ウ ⓐ他者 ⓑ他者 ⓒ自己 ⓓ自己 ⓔ自己
エ ⓐ他者 ⓑ他者 ⓒ自己 ⓓ他者 ⓔ自己

（　　）

(3) 傍線部②「人称代名詞を使用する範囲が意外に限られている」とあるが、調査の結果、人称代名詞が使用されるのはどのようなときだったか。適切なものを次からすべて選び、記号で答えよ。

ア 立場が上の人物が、立場が下の人物に対して、自分のことを言うとき。

イ 立場が上の人物が、立場が下の人物に対して、直接呼びかけるとき。

ウ 立場が上の人物が、立場が下の人物に対して、他人のことを言うとき。

エ 立場が下の人物が、立場が上の人物に対して、自分のことを言うとき。

オ 立場が下の人物が、立場が上の人物に対して、直接呼びかけるとき。

（　　）

(4) [8]段落の役割を説明したものとして最も適切なものを次から選び、記号で答えよ。

ア [4]・[5]段落で示された事柄について、[6]・[7]段落で挙げられた具体例を補っている。

イ [4]・[5]段落で示された事柄を否定し、[6]・[7]段落の内容の根拠となる具体例を挙げている。

ウ [4]〜[7]段落で示された事柄をまとめて、[9]段落以降につながる新たな話題を提示している。

エ [4]・[5]段落で示された事柄について、[6]・[7]段落の内容とは対照的な具体例を挙げている。

（　　）

(5) 傍線部③「一人の個人が生活の中でどのくらいの異なった自己の呼び方をするものか」とあるが、この調査の対象となった人物は、どのような基準で自分の呼び方を決めていたといえるか。それが具体的にわかる一文を探して、初めの五字を抜き出して書け。

(6) 傍線部④「絶対的な自己表現」とあるが、これはどのような自己表現か。「相手」という言葉を用いて六十字以内で説明せよ。

(7) 本文の内容に合致するものとして最も適切なものを次から選び、記号で答えよ。

ア 日本型の言語習慣が持つ相対性は、他者への依存状態から自己同一性の確立への移行をもたらすと言うことができる。

イ 日本型の相対的な自己規定は、自己を見る視点を他者の立場に移すという点で、客観的でもあると言うことができる。

ウ 日本型の相対的な自己表現の方法も、本質的には他者を介さない自己同一性の確立を求めていると言うことができる。

エ 日本型の自己表現の言語習慣は、相対的であるがゆえに、自己と相手の立場の同一化につながると言うことができる。

（　　）

2 学びとは何か――〈探求人〉になるために

今井 むつみ

解答➡別冊6ページ

● 次の文章を読んで、あとの問いに答えよ。なお、設問の都合により、原文の一部を変更した。〔法政大―改〕

遊びの効用はいろいろある。遊びは、人をリフレッシュさせ、人との社会的な関係を築いていくのに役立つ。運動をともなう遊びは運動能力の発達にも重要だ。しかし、それ以上に、子どもの時の遊びは知性の発達に非常に重要なのである。

知性の発達の根幹は、象徴する能力である。人間以外の動物と比べて人間が格段に違っているのは、この「象徴能力」であると言ってもよいだろう。一般的には「象徴」ということばは「ハトは平和の象徴」というように使われる。ここでの「象徴」は、目に見えない抽象的な概念をある具体物に代表させる機能という意味で使われている。しかし、①本来「象徴」というのはその逆の方向、つまり具体から情報のエッセンスだけを取り出し抽象化したものなのである。私たちが目の前にしているモノや出来事は、膨大な情報を含んでいる。同じモノでも光の当たり方によって目に入ってくる情報は違う。膨大な情報を必要最小限のエッセンスに圧縮し、抽象化したものが象徴（シンボル）である。

私たちは絵を描くとき、程度の差はあれ、すべて自分で観た世界をシンボル化している。どんなに精密な具象画でも、目にした世界をある一定の光や環境のもとで切り取り、自分の解釈を加えて「心で観た世界」を描くのである。

言語は究極の象徴だ。ことばはモノや動作、出来事に対し、絞り込まれた特定の基準だけに注目してカテゴリーをつくる。つまり、言語は世界を多様な、しかし一貫した基準で切り取り、まとめ、象徴化し、さらに個々の象徴を関連づけてシステムをつくっているのである。世界の膨大な情報の中で不必要なものを捨象し、象徴にすることによって、私たちは一つの象徴を他の象徴と組み合わせ、新しい象徴、つまり「新しい知識」をつくることができるようになる。

子どもは自然と「ごっこ遊び」をする。ごっこ遊びの中で子どもは、モノの特徴に惑わされずにモノを象徴的に扱う能力を発達させていく。例えば、子どもが、コップがないのに何かをコップに見立て（あるいはモノなしで）コップで飲む真似をしていたら、コップの色や形に関係なく、コップの機能を理解し、それを象徴化して「コップで飲むふり」をしていたということだ。子どもは遊びを通じて、ことばを学ぶために必要な世界の様々な様相を切り取り象徴化することを試していると言ってもよい。

実際、ごっこ遊びと言語の発達は連動して起こっている。最初は哺乳瓶の形をしたおもちゃがないと人形にミルクを飲ませることができなかったのが、少し大きくなると積み木などの機能が定まっていないモノで代用できるようになる。そのうち、モノがなくても「ふり」だけで人形にミルクをあげることができる。あるいは哺乳瓶とはまったく形も機能も違うものを哺乳瓶に見立てることができるようになる。このように、ことばと象徴能力は遊びを仲介にしていっしょに発達していくのである。

世界を象徴化することを学ぶことが大事で、そのために遊びが大事なのなら、象徴化を助ける遊びをするのがよいと考えるのは自然なことだ。実際、世の中には、「遊びながら○○を覚えます」とうたった玩具、また英語や音楽、体操などのレッスンがあふれている。そういう「遊び」が子どもの知的能力を発達させる「よい遊び」なのだろうか。

遊びの重要性を指摘し、子どもがそこから学ぶことができる遊びの重要性を訴えて世界中から注目されている研究者たちがアメリカにいる。テンプル大学のキャシー・ハーシュパセクとデラウエア大学のロバータ・ゴリンコフだ。彼女たちは「遊び」について以下のような五原則を提唱している。

遊びの五原則

1　遊びは楽しくなければならない。
2　遊びはそれ自体が目的であるべきで、何か他の目的（例えば、文字を読むため、英語を話せるようになるため）であってはならない。
3　遊びは遊ぶ人の自発的な選択によるものでなければならない。
4　遊びは遊ぶ人が能動的に関わらなければならない。遊ばせてもらっていたら遊びではない。
5　遊びは現実から離れたもので、演技のようなものである。子どもが何かの「ふり」をしていたらそれは遊びである。

よくあるような「遊び感覚で○○を学ぶ」のはほんとうの遊びかどうか、もういちど大人は考えるべきだ。

②象徴能力を育むために知っておいてほしいことが、もうひとつある。創造性につながる「象徴」というのは目の前にしているモノの特徴にとらわれず、それに違う役割を与えたり、違う見方をしたりすることができるということだ。ある機能に限定された道具やおもちゃのみ子どもに与えつづけていると、子どもが本来持つ、ものごとを象徴化する能力を損ねてしまう危険性がある。それを示すこのような研究がある。

子どもを二つのグループに分け、ひとつのグループには答えがひとつに決まってしまう遊び道具を与え、もうひとつのグループには「正しい答え」がない遊び道具を与えた。子どもが一定時間、その道具で遊んだあとで、レゴブロックを与え、どのようなものをつくるか見てみた。すると、［A］で遊んでいた子どもたちはバリエーションに富む様々な構造をつくることができ、それぞれに独創的な名前をつけることができた。試行錯誤を繰り返し、飽きることもなかった。反対に、［B］を与えられた子どもたちは、行き詰まるとそこで思考停止状態になってしまい、何度も同じことを繰り返していた。あきらめるのも早かった。

この研究はどのようなおもちゃを選ぶかということだけではなく、子どもの遊び全般に対して大切なことを教えてくれる。ある特定の機能を持つおもちゃは、子どもの興味を引きやすい。ボタンを押すとすぐに音楽が流れたり、動き出したりする機能をもつおもちゃに子どもは大きく興味を引かれ、最初のころは熱心に遊ぶ。「脳に刺激を与えるおもちゃ」とか「脳が活性化するおもちゃ」というようなうたい文句が書いてあったら、買う前にちょっと考えてみてほしい。そのように一時的に脳（とくに前頭葉）を活性化させることが、知性の発達や情動の発達に長期的に役立つという証拠は存在しないのである。

おもちゃを選ぶときには、子どもがすぐに飛びつくかということではなく、そのおもちゃを子どもが使う中でどのくらい、いろいろなことを試し、象徴化し、創造の羽をはばたかせられるのかということを考えてほしい。［　］おもちゃは、想像力をかき立てることがあまりなく、創造性を育むことにはつながらないだろう。

よい絵本も同じだ。子どもは毎日違う絵本を読んでもらうことよりも、好きな絵本を繰り返し読んでもらうことを好む。同じお話を何度も聞くことはとても大事だ。毎回ちょっとずつ違う気持ちで同じお話を聞き、すこしずつ違う発見をする。超一流の達人は自分が極めようとすることを常に新しい視点で新しい工夫をしながら続けることができる人である。そのことの萌芽が、ここで生まれるのである。

(1) 傍線部①「本来『象徴』というのはその逆の方向、つまり具体から情報のエッセンスだけを取り出し抽象化したものなのである」で筆者が述べている象徴ということばの本来の意味と合致する使い方をしているものを次から二つ選び、記号で答えよ。

ア この筋肉は努力の象徴である
イ あの詩では黄色がひまわりを象徴している
ウ ふわふわしたしっぽの描写によりキツネを象徴した絵
エ ずるがしこさを象徴する動物としてキツネを挙げられる
オ 愛情を象徴している手づくりのマフラー

（　・　）

(2) 傍線部②「象徴能力を育むために知っておいてほしいことが、もうひとつある」とあるが、これより前で説明された「象徴能力を育むために知っておいてほしいこと」とはどのようなことか。「よい遊び」という言葉を用いて、五十五字以内で説明せよ。

(3) A・B に入る最も適切な言葉をそれぞれ次から選び、記号で答えよ。

ア 遊びの五原則に即した遊び
イ 目的非限定の道具
ウ 遊びの五原則に即していない遊び
エ 目的限定の道具
オ ごっこ遊び
カ 絵本

A（　）B（　）

(4) □に入るものとして適切でないものを二つ選び、記号で答えよ。

ア あらかじめ遊び方がひとつに決まっていない
イ 一度完成させると、他のやり方を考える必要がない
ウ 音や動きの刺激が次々と繰り出され、子どもに考える余地を与えない
エ レゴブロックのように様々な遊び方がある
オ ボタンを押すと人形が決まったダンスを踊る

（　・　）

(5) 本文の内容に合致するものとして最も適切なものを次から選び、記号で答えよ。

ア 子どもの発達を考えるにあたり、遊びが象徴化をうながすことを認めた上で、「遊び感覚で学ぶ」ことに潜む問題を指摘している。
イ 象徴という概念が誤用されていることを指摘し、その認識を正すことにより、本当の遊びを実現しやすくなることを主張している。
ウ おもちゃを用いた遊びに関する研究を紹介した上で、よい遊びとそうではない遊びは原理的に区別できないことを脳科学の成果を参照して指摘している。
エ 超一流の達人が普段取り組んでいることと子どもの遊びには共通点があることを踏まえて、大人になってもおもちゃや絵本で遊ぶことが重要であることを指摘している。

（　）

3 日用品の文化誌

柏木 博

解答→別冊10ページ

● 次の文章を読んで、あとの問いに答えよ。なお、設問の都合により、原文の一部を変更した。

〔國學院大―改〕

通信販売のための情報もふくめて、カタログという道具には、特有な情報のあり方、知の形式があるように思える。カタログは、膨大な情報を圧縮している。それは、商品の世界であれ、ものの世界であれ、世界を編集し、また情報の断片として並置し、圧縮してしまうような知の形式によっていると言えるだろう。

たとえば、シアーズ・ローバックは、早い時期から通信販売用の情報カタログを刊行したことで知られる。シアーズ・ローバックのカタログは、それを単に商品情報のリストとして使用する人々にとっては、魅力的な商品カタログでしかないかもしれない。しかし、それは、そうした本来の機能とは別に、①アメリカの消費社会がどのようなものであるのかを示すカタログとして読むこともできる。

実際、ロシア人に送りたい書籍は何かという問いに、フランクリン・D・ルーズヴェルトは、シアーズのカタログであるとこたえたと言われている。R・S・テドローは『マス・マーケティング史』の中で、「シアーズのカタログほど、一九世紀末から第二次世界大戦までのアメリカ人の豊かさを一冊で見事に表現したドキュメントは存在しなかった。シアーズ・カタログは消費者経済の最良の案内書であり、ルーズヴェルトが感じたように、アメリカ方式が平均的な個人に何をもたらすかを、他のどれよりもよく教えていた」と述べている。

シアーズの巨大なカタログにかぎらず、わたしたちは日常的にカタログ形式に加工された情報(道具)を使っている。新しい家電や家具やカメラを購入するとき、わたしたちはカタログで製品を検討しようとする。また、日々、新聞に折り込まれてとどくチラシも、ものが並列されているという点では、カタログ的に加工された情報(道具)だと言えるだろう。そうした道具からも、わたしたちは、文化的特性の一面を読むことができるだろう。日用品のカタログは、道具を情報化した道具である。道具を知るための道具だとも言える。こうしたカタログという道具にはいったいどのような特性があるのだろうか。

日本では「型録」という、なかなか巧みな漢字を当てている。カタログの語源はギリシャ語のカタロゴス「完全に数えあげる」から出ていると言われている。

カタログ的な記述が広がっていったのは、一七世紀、デカルトの時代と重なりながら、デカルトとは異なったものの記述(歴史)が出現していったことによっていると、ミシェル・フーコーは『言葉と物』の中で指摘している。カタログの記述は、線的な記述ではなく、あらゆるものを並置する記述である。「世界全体を直線運動の法則で律することがついに不可能だとわかり、動植物の複雑性が延長をもつ実体の単純な形式にじゅうぶんな抵抗を示したあとでは、自然の不思議なゆたかさがあきらかになるのは当然のことであった」とフーコーは述べている。そして、物と物とが並置されるような博物学的な思考と記述が成立し、カタログや類集そして目録が作成されるようになったのだとフーコーは指摘している。

　フーコーが指摘する②博物学的な知のあり方とどこかで重なりあっているのは、蒐集《しゅうしゅう》（コレクション）にかかわる情報である。フーコーの影響を受けていると思われる歴史家のクシシトフ・ポミアンは『コレクション』の中で、コレクションされた品物の目録についてふれている。目録の作成は、コレクションが競売の対象となったことと関連している。「競売システムの編成において、もっとも重要な時期のひとつは、印刷された競売目録が出る時である。競売目録の最初のものは、一六一六年にオランダで刊行された」とポミアンは記述している。競売カタログの出現によって、情報は地域的なものでなくなり、しだいに国際化されるようになったとも述べている。

　また、「世界の縮小型を提示し、人の目から隠された全体を、生物や物の各範疇《はんちゅう》の見本によって目に見えるものとするという、百科全書的目的をもったコレクション」を見せようとするものが出てきたとポミアンは言う。コレクションのカタログ同様、一八世紀の百科全書もまた、③マクロな世界を情報化（ミクロ化）して所有し、移動できるようなカタログにしたのだとも言えるだろう。重要なことは、そうした世界のカタログは線的な形式で語るのではなく、フーコーが指摘しているように情報を並置していることである。それは、あらゆる事象を等価な情報とすることでもある。〈中略〉

　一八九三年にシアーズは、時計だけではなく、ミシンや食器や衣料品そして銃器を通信販売するためのカタログを刊行する。これは、たちまちアメリカ全土をマーケット化したのである。このことは、市場は店舗に限定されるのではなく、やがてカタログを手に入れた家庭、個人が市場になるということであった。つまり、商品カタログはあらゆる人々が市場になる消費社会のための道具として機能した。したがって、商品カタログが、アメリカの消費社会そのもののカタログとなったのである。その結果、シアーズ・カタログは、アメリカという世界をミクロ化した道具となったからこそ、ルーズヴェルトは、それをアメリカを知る百科全書としてあげたのである。

　情報を電子化すれば、現在のインターネットによる情報リストや通信販売と形式的には変わらない。カタログは、通常の書籍と異なって、情報が線的に構成されているのではなく、むしろ、空間的に並列されている。したがって、シアーズのカタログは、いわば、百貨店の空間と商品を情報に変換したようなものだと言える。人々は、カタログの情報空間の中を、百貨店の中を歩き回るように楽しむのである。通信販売の巨大カタログは、消費社会そのものを映し出すカタログでもある。

　ここで、カタログの特性にもどって、その機能を繰り返して言えば、それは、マクロな世界を情報化（ミクロ化）し、つまり道具の形態にしたものである。マクロな現実世界とミクロな情報世界（加工され、道具として利用し、把握できる世界）という関係がそこにはある。したがって、［ A ］が変化すれば、［ B ］も変化するという関係がそこにはあるということになる。このことは、百科全書においても同様である。

　ところが、情報化されたカタログ世界、つまりミクロ化された世界を意図的に組み替え変化させることで、現実のマクロな世界を変化（変革）できるのではないかという、いわば現実とカタログの関係を逆転する試みが出現する。この試みは、平板な言い方をすれば、現実とメディアの関係の逆転として考えれば、現在では日常的に行われていることだとも言えよう。④メディアにおける言説によって現実世界は変化するというわけだ。

　そうした意味で興味深いのは、一九六八年に出版された『ホール・アース・カタログ』である。このカタログは、サンフランシスコ湾地域（サウサリート）で、スチュアート・ブランドを中心にして編集され、六〇年代末におけるアメリカのカウンターカルチャーのライフ・スタイルに関する実践的な提案のひとつを代表するものになった。

このカタログは一九六八年から七五年まで刊行されることになる。『ホール・アース・カタログ』には、このカタログの機能について、装置（デヴァイス）を評価したり利用（アクセス）したりする機能をはたすものであると書かれている。これによって何が手にすべき価値があり、どこでどうやってそれを手に入れられるかを知ることができる。そこにリストされたものは、「道具として便利なもの」「自主的教育に関連するもの」「高いクオリティで安価なもの」「手紙で手軽に入手できるもの」という基準で選ばれているのだという。

B4サイズ、およそ四五〇ページの『ホール・アース・カタログ』の体裁と、こうした説明を見る限り、このカタログもまた、『シアーズ・カタログ』のような通信販売のカタログと同じように思われる。しかし、シアーズ・カタログとまったく異なっているのは、生活を自ら主体的に構成するべきことを提案している点である。『ホール・アース・カタログ』は現に存在している道具や装置による物質的環境を全面的に否定してしまうのではなく、その物質的環境を自らの必然性によって、いわば編集しなおそうとしたと言えるだろう。

『ホール・アース・カタログ』の副題に「道具の利用（アクセス）」とあるように、スチュアート・ブランドは道具環境へ批評的にアクセスしようとした。道具環境を批評的に編集しなおすことによって、現にある生活環境はまったく異なったものになるはずである。ブランドは道具環境に次のような項目で枠組みを与えた。「全体的システム」「土地利用」「シェルター」「産業」「工芸」「コミュニティ」「ノマディックス」「コミュニケーション」「学習」。

「全体的システム」の項目は、まず*バクミンスター・フラーの著作の紹介から始まる。そして、地理や生物の成長などのシステムへとすすんでいく。いずれも基本的には、書籍紹介のカタログになっている。書籍もまた知識を得るためのツールであるという発想がここには見られる。「全体的システム」がフラーから始まるということが『ホール・アース・カタログ』の立場を示していると言えるだろう。

『ホール・アース・カタログ』は、消費社会が生みだした膨大な商品を、あるべき自らの生活という視点から見直し、カタログという実践的な情報メディアにした。この考え方は、レヴィ・ストロースが説明しようとした、ありあわせものを寄せ集めて必要なものをつくる器用人（ブリコール）の考え方にちかいものであったとも言えるだろう。〈中略〉

いずれにしても、重要なことは、⑤世界とそれを情報化（道具化）したものとの反転を意図的に試みたことである。つまり、カタログは、世界を知る道具である。それは、現実世界（マクロコスモス）を圧縮したミクロコスモスでもある。そのミクロコスモスを編集しなおす（解釈しなおす）ことによって、マクロコスモスとしての現実世界を変化させる可能性があるということだ。カタログは、かつての百科全書と同様に、そうした可能性を持った道具になりうるのである。

＊バクミンスター・フラー＝アメリカの思想家、建築家。持続可能な世界についての考察、提言を行った。

(1) 傍線部①「アメリカの消費社会がどのようなものであるのかを示すカタログとして読むこともできる」とあるが、それはなぜか。「文化」という言葉を使って、六十字以内で説明せよ。

(2)

傍線部②「博物学的な知のあり方」とあるが、これはどのような考え方か。五十字以内で説明せよ。

(3)

傍線部③「マクロな世界を情報化（ミクロ化）して所有し、移動できるようなカタログにした」とあるが、どういうことか。その説明として最も適切なものを次から選び、記号で答えよ。

ア フーコーの影響をうけて、世界のすべての事象を等価なものと並置したということ。

イ 線的な形式を避けることで、人の目には見えないものを記述したということ。

ウ 世界をリスト化することで、その全体像を知りうる道具としたということ。

エ コレクションという方法で、世界を縮小化する見本を示したということ。

オ 地域的な情報を並列的に記述することで、国際化を訴える書物としたということ。　（　）

(4)

A・Bに入る最も適切な言葉をそれぞれ次から選び、記号で答えよ。

ア 百科全書の目的　　**イ** 利用（アクセス）する機能

ウ カタログ（情報世界）　　**エ** 装置（デヴァイス）の評価

オ 情報化する機能　　**カ** 現実の世界

A（　）　B（　）

(5)

傍線部④「メディアにおける言説によって現実世界は変化する」とあるが、どういうことか。その説明として最も適切なものを次から選び、記号で答えよ。

ア メディアが世界を情報として加工することで、現実が道具と化すという逆転現象を起こすことがあるということ。

イ メディアが世界に情報網を張り巡らすことによって、現実とメディアの関係が逆転することもあるということ。

ウ メディアが世界の情報を伝達することによって、国際化が逆説的に日常の変化を促進させることもあるということ。

エ メディアが世界を情報化することによって、逆に現実がカタログ化される可能性があるということ。

オ メディアが世界に関する情報を伝えることによって、逆に現実が変革されることもあるということ。　（　）

(6)

傍線部⑤「世界とそれを情報化（道具化）したものとの反転を意図的に試みた」とあるが、どういうことか。「『ホール・アース・カタログ』は、」に続けて、六十字以内で説明せよ。

『ホール・アース・カタログ』は、

4

言語存在論

野間 秀樹

解答→別冊15ページ

次の文章を読んで、あとの問いに答えよ。なお、設問の都合により、原文の一部を変更した。

〔獨協大—改〕

〈話されたことば〉が実現するとき、そこで発せられたことばがもたらす、〈話し手自身という聞き手〉にとっての意味と、〈他者たる聞き手〉にとっての意味は、自《おの》ずから異なって実現し得る。少なくともそう考えるのが、自然であろう。二つの原理的な条件がそうさせる。

一つは、〈話し手自身という聞き手〉と、〈他者たる聞き手〉という、二重の聞き手の間の、時間的、空間的な距離の存在である。腕枕で寄り添う相手に語りかけるときも、レストランの同じ食卓で話していても、話し手と聞き手の間にはごくごく微細にせよ、物理的な隔たりが存在する。同じく〈いま・ここ〉のものであると、生理的には感じられる〈話されたことば〉の実現には、微細に見ると、原理的にこうした物理的な隔たりが存在している。学校の教室での講義も、大きな会場の講演も、物理的な隔たりは存在し、さらに大きくなる。時間の隔たりが感じられないようなこうした言語場でも、空間的には明らかな隔たりが、話し手にも聞き手にも見えている。①携帯電話やインターネット越しに話しているのであれば、こうした物理的な隔たりはいよいよ大きい。私たちは、相手の声が時間的に一瞬遅れて聞こえてくる、などということもしばしば経験したであろう。《ア》こうした場合にはことばの実現そのものが時間的な〈遅延〉となって顕在化する。テクノロジーによって、〈話し手自身という聞き手〉と、〈他者たる聞き手〉の間のこうした時間的、空間的な距離は、今日いくらでも引き延ばすことができる。ここで重要なことは、〈話されたことば〉にあっては、もともと原理的に〈話し手自身という聞き手〉と、〈他者たる聞き手〉という、二重の聞き手が存在しており、そこには時間的、空間的な隔たりが存在していて、それら隔たりが常に［A］であるということにある。テクノロジーによる時空の隔たりの極大化は、もともと隔たりが存在するという存在論的な現実に、基礎づけられているのであって、隔たりそれ自体をテクノロジーが創り出したわけではない。

言語場におけるこうした時間的、空間的な隔たりの原理的な存在は、〈話し手自身という聞き手〉にとっての意味と、〈他者たる聞き手〉にとっての意味が、自ずから異なって実現し得る、言語場における物理的な基礎となる。《イ》ざっくばらんに言ってしまえば、時間的にも空間的にも異なった位置で、異なった個人たちが聞くのだから、ことばの意味も異なっていて、何の不思議もない。むしろ全く同一であることが、原理的には難しい。ことは〈書かれたことば〉であれば、いっそうはっきりと確認できるであろう。ここではこうした原理的な隔たりを確認し、隔たりの拡張をめぐる問題は後に論ずることにする。

〈話されたことば〉が実現するとき、そこで発せられたことばがもたらす、〈話し手自身という聞き手〉にとっての意味と、〈他者たる聞き手〉にとっての意味を、自ずから異なって実現せしめる、今一つの決定的な原理的条件は、他ならぬ話し手と聞き手という、異なった主体の存在に求められる。ここでもざっくばらんに言えば、人が異なるのだから、受け取る意味も異なるだろうということになる。この原理的条件こそ、〈 X 〉などという言説の、理論的な根拠も、実践的な拠り所も、放逐してしまう。話し手と聞き手の個体の違いは、ありとあらゆる個人史の違いに支えられて、個々人の言語を異なったものとして造り上げ、つまりコード*もまた様々な偏差を本質的に含んだ、異なったコードとして働かしめ、言語をめぐる様々な諸条件も異ならしめる。

あるたった一つの単語から立ち現れる意味でさえ、同一である保証はない。「メ」「ユビ」といった身体名称でも、「ハハ」「キョーダイ」といった親族名称でも、「ココロ」「ユメ」などという目に見えない対象の名称でも、「ジョーネツ」「カクメイ」などといった B な単語でも、異なった個人の間でやはり同一であると、見ることの方が言語にとっては困難である。自然数の「サン」「シ」などといった概念でさえ、その個人の数学的な経験によって意味するところは、異なり得るであろう。「シゼンスー」などといったが、こんな概念は十全たる意味の実現さえ、いよいよ危ぶまれて来る。《ウ》

もちろん日常の言語だけではない。〈書かれたことば〉に目を転じるなら、アラン・ソーカルの試みは、一度は触れられてよい。ニューヨーク大学物理学教授であったソーカルは、一九九四年、米国の Social Text 誌に "Transgressing the Boundaries: Towards a Transformative Hermeneutics of Quantum Gravity."(諸境界を踏み越える：量子重力の変形解釈学に向けて)と題された論文を発表した。そして同論文が実は自然科学の術語や数式などを配した、全く無内容な「疑似論文」であることを、後に公開した。同論文はポストモダニズムと呼ばれる諸論考の多くの引用を組み込んでおり、そうした言説における自然科学的な術語や概念の C な濫用も批判するものであった。このことがもたらした後の大きな一連の出来事を含め、"Sokal affair"(ソーカル事件)などと呼ばれる。

社会的に認知された雑誌に投稿されたこの「疑似論文」のテクスト全文が、幾人の人に読まれ、その全てに何らかの意味がそこに実現したかどうかなど、もちろん判るよしもない。しかしながら雑誌の編集に当たっても、そして実際の掲載論文の題名だけ見たとしても、題名に接した少なからぬ人々の間で、ことばが意味とならなかったり、あるいは〈曖昧なる意味〉が立ち現れたりしたであろうことは、想像に難くない。《エ》少なくとも、今本書で初めてこの論文の題名に接した人々、初めてではなくとも、うっすらという記憶の中で改めてこの題名に接した人は、まさにそうした〈曖昧なる意味の実現〉を、まさにこの本を読みながら、いま・ここで、体験したであろう。〈朧《おぼろ》げなる意味〉と言ってもよい。ここで本書が仮に付した日本語訳についても、訝《いぶか》しみながら、何となくこんな意味か、といった納得をなさったかもしれないし、ここは「踏み越える」じゃなくて、「侵犯する」だろう、ポストモダニズムを装うのだから、などと、翻訳自体に疑義を挟むほどに、意味の実現について瞬間にせよ、あれこれの体験をなさったかもしれない。

②ここで問うているのは、倫理ではない。言語である。倫理についてはもう多くの論考がある。ここでは、学会誌をめぐる言語場に現れた、こうしたことばを前に、まさに読み手によって異なった意味が実現し得ること、さらには〈曖昧なる意味〉〈朧げなる意味〉が実現し得ることの体験を、分かち合っている。ここで立ち現れる〈意味〉は、まさに個によって異なっている。このことを読者の皆さんはたった今、共にしてくださったであろう。

さらに進んで、こうしたことばを前にするとき、「外延的意味」「明示的意味」「文字通りの意味」などと言われる denotation と、「内包的意味」「暗示的意味」「言外の意味」などと言われるconnotationの区別さえ、溶解し始めることを、お感じになったかもしれない。そしてそれらの区別さえ、境界付けが本質的に難しいことも、察せられるであろう。《オ》

ソーカルが問うた言語場は、学術論文をめぐる言語場であったが、ここから詩の言語場はすぐ隣にある。件《くだん》の題名が、詩の雑誌に詩として掲載されていたら、倫理的な問いはおそらく立ち得ない。もちろん文学的評価をめぐる問題が問われることは、あるかもしれない。私たちにとって重要なことは、このことである。学術論文であれ、詩であれ、言語場の違いは、同じことばでも場合によっては直ちに倫理や政治に直結するなど様々だが、〈書かれたことば〉における意味の実現の現実的な機制とありようには、何ら違いはないということ。

ことばが意味とならないことから、朧気なる意味となること、そしてはっきりとした意味となること、ことばが意味となる言語場にあっては、こうした〈意味の濃淡〉が立ち現れる。この〈意味の濃淡〉は、個によって異なり得るし、同じ個にあっても、また言語場によって異なり得る。これが意味の実現の現実的なありようである。

ことばの発話者たる話し手や書き手と、ことばの受話者たる聞き手や読み手の間の意味の立ち現れ方の違いは、言語にとって本質的なものである。このことを、*時枝誠記《ときえだもとき》のように、発話者を特権的に位置づけ、言語活動を発話者が発話する過程であるがごとくに見ると、発話者と受話者の間の意味の立ち現れ方の違いも位置づけ得ないし、受話者ごとに意味が異なって現れることも、位置づけ得ない。そこでは③受話者は別の発話者、発話者の単なる写しに過ぎなくなってしまう。発話者と受話者の間の意味が異なり、受話者間でもまた意味が異なり得る、その物理的な基礎は、既に述べたように、ことばが発せられ、受け取られる、時間的、空間的なずれ、落差と、発する主体と受け取る主体が異なるという、言語場の構造に規定されている。

これまで述べてきた、〈言語場においてことばが意味となる機制〉を纏《まと》めよう：

発話者はことばを発する。発話者は発せられたことばに意味を造形し、発せられたことばが意味となることを、誰よりも先に体験する。ここで既に自らのことばへの異議も立ち現れ得る。そして発せられたことば自体は、一旦意味から自由になる。ひとたび意味から解き放されたことばは、可能なあらゆる受話者に開かれている。そしてことばは受話者によって受け取られたとき、受話者に在って新たなる意味となる。受話者が異なれば、立ち現れる意味もまた異なり得る。こうした事態は、〈話されたことば〉と〈書かれたことば〉のいずれにも原理的に違いはない

同じことばから、意味はいつも異なって立ち現れ得る。そしてことばが実現する言語場に着目するなら、世界に二度と同じ言語場はない。かろうじて「同じ」であり得るのは、ことばそのものだけなのである。

＊コード＝情報を表現する記号・符号の体系。

＊時枝誠記＝国語学者。言語を人間の行為そのものであるとみる「言語過程説」を提唱し、国語教育にも尽力した。

(1) [A]〜[C]に入る最も適切な言葉をそれぞれ次から選び、記号で答えよ。

ア 文化的　**イ** 論証的　**ウ** 排他的　**エ** 有機的
オ 抽象的　**カ** 歴史的　**キ** 可変的　**ク** 道徳的
ケ 恣意的　**コ** 複眼的

A（　）B（　）C（　）

(2) 本文中の《**ア**》〜《**オ**》のうち、次の一文を入れるのに最も適切な箇所を選び、記号で答えよ。

まさに曖昧なる意味の実現を日常的に体験することになる。（　）

(3) 傍線部①「携帯電話やインターネット」とあるが、これらはどのような事態をもたらしたか。文中の言葉を用いて、六十字以内で説明せよ。

(4) [X]に入る最も適切な表現を次から選び、記号で答えよ。

ア 人が異なるのに、全く同一の意味が実現する
イ 人が異なる以上、全く同一の意味は成り立ち得ない
ウ 話し手の内部においては、全く同一の意味が成り立ち得る
エ 物理的・主体的隔たりのない場で、全く同一の意味が実現する
オ 聞き手の他者性を解消しさえすれば、全く同一の意味が実現する

（　）

(5) 傍線部②「ここで問うているのは、倫理ではない。言語である」とあるが、筆者はどのようなことを言いたいのか。その説明として最も適切なものを次から選び、記号で答えよ。

ア ソーカルの「疑似論文」に付けた仮の訳にどれほど〈曖昧なる意味〉が現出しているかを実感するために、読者が疑義を挟み込むような訳を付したことの倫理的な良し悪しはいったん議論しないでおきたいということ。

イ ソーカルの事例をことばの意味は曖昧にしか実現されないという実例として議論したいのであって、ポストモダニズム的な言説を「疑似論文」で批判したという手法の倫理的な是非を論じたいわけではないということ。

ウ 注目してほしいのは、全く無内容な「疑似論文」によるポストモダニズム批判という〝事件〟の倫理性が、ソーカルの論文の内容よりも言語における〈朧げなる意味〉を論じるのにとても適した事例であるということ。

エ ソーカルが問題にしているのは、自然科学的な術語や概念を濫用しているポストモダニズムの倫理観ではなく、日常の言語のみならず「論文」という専門領域においても言語の意味が曖昧に実現されるという事実であるということ。

オ ソーカルは、全く無意味な「疑似論文」であることを後に公開するというやり方でポストモダニズムを批判したが、むしろその倫理観に悖《もと》る方法こそが言語における〈曖昧なる意味〉の実現という課題を明確にしたのだということ。

（　）

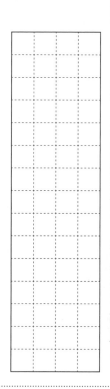

(6) 傍線部③「受話者は別の発話者、発話者の単なる写しに過ぎなくなってしまう」とあるが、どういうことか。次の言葉に続くように、「立ち現れ方」という言葉を用いて、六十五字以内で説明せよ。

言語場で発話者を特権的に位置づける見方においては、

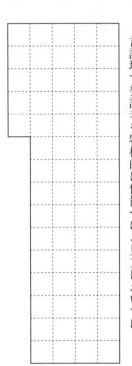

(7) 次は、この文章を読んだあとに六人の生徒が発言している場面である。本文の趣旨に合致しないものを次から二つ選び、記号で答えよ。

ア 生徒A：「11の次に大きい素数は何か」というシンプルな数学上の問いに対し、「7」と「13」という異なる答えが出てくると聞いたことがあります。これは、異なった個人間では単語レベルですら意味が同一にならないという筆者の主張の好例ではないかと考えます。

イ 生徒B：話し手と聞き手との意味に差異が生じる要因の一つとして、筆者は両者の間にある物理的な隔たりを挙げていました。郵便、電話、ネットと進化するテクノロジーがこの隔たりを少しずつ解消していますが、原理的なものとして存在し続けるのでしょう。

ウ 生徒C：ソーカルの「疑似論文」の題名に筆者が付した仮の訳に対し、納得する人もいれば疑義を挟む人もいるだろうと筆者は想定しています。題名だけでそのような差異が生じるのであるから、論文に目を通した人たちの間には様々な意味が立ち現れたことが想起されます。

エ 生徒D：発話者がことばに込めた意味が受話者に伝わらないという事態は日常の言語場においてもよく見られることですが、このときのことばの意味の隔たり、つまり筆者の言う〈意味の濃淡〉は、受話者が受け取った意味が発話者にフィードバックされて初めて生じるものですね。

オ 生徒E：「空腹だ」ということばそのものが「同じ」であったとしても、発話者は時に同意を求め、時に何かが欲しいという要望を含意している。同様に受話者の受け取り方も様々だ。この意味のずれは、言語場の構造に規定されて完全に拭うことは難しいだろう。

カ 生徒F：筆者は〈書かれたことば〉であれば、ことばの意味が異なることはより明確だと述べています。「話す」と「聞く」という行為の間の時間的・空間的隔たりが意味の差異を生むのであれば、「書く」と「読む」の間では意味の差異がいっそう生まれてしまうと推察できます。

（　・　）

5 なぜ「自由」は不自由なのか——現代リベラリズム講義

仲正 昌樹

解答→別冊21ページ

● 次の文章を読んで、あとの問いに答えよ。

「自由主義」というのは、各人が「自由に生きる」ことのできる社会を理想とする思想である。［A］、何故、「自由に生きる」ことが理想なのか？ ごく常識的に考えれば、「各人が自由に生きることを欲しているから」というのが、その答えだろう。しかし、本当にそうだろうか？

　私たちの多くが、「幸福に生きる」には「自由」が不可欠だと考えているのは確かだが、どうして「幸福」と「自由」が結び付くのだろうか？

〈中略〉

　一八世紀から一九世紀への変わり目の時代を生きた英国の政治思想家ベンサムは、経済活動の自由や表現の自由、信教の自由など、各種の市民的自由の確立に力を注ぐ一方で、各人が感じる幸福の総和を最大化することを図る「功利主義」を、「統治」の原理として提唱した。通常の「自由主義」は、幸福は極めて主観的なものであるので、何を幸福と見なすかは、各人の自由に任せるしかないというスタンスを取るが、ベンサムの「功利主義」は、「幸福」は「快楽」という形で客観的に計量化することが可能である、という前提から出発する。計量化された「快楽」の計算に基づいて合理的な統治を行《おこ》なうことが可能であり、かつそうした統治を追求すべき、という立場である。

　この考え方は、国家が人々にとっての「幸福の状態」を定義し、それを各人が抱く欲望と一致させるべく、様々な矯正策を講じるということをも含意している。実際、ベンサムは、独房に差し込んでくる光の角度を調整して、囚人たちに「いつどのような相手に監視されているか分からない」という意識を抱かせ、自分の行動を自発的に規律するように仕向ける「パノプティコン（全展望監視装置）」と呼ばれる建築構造上の特徴を備えた監獄を構想し、それを社会統制の方法として一般化することを提案している。パノプティコン化された社会において、各人の欲望を、国家が全体の目標として追求する「最大多数の最大幸福」と一致させることができるとすれば、①「自由」を個人の権利として保障することに実質的な意味はなくなる。

　パノプティコンのような監視・統制装置を社会全体にはりめぐらそうとすれば、それに抵抗を覚える多くの人たちに対して、かなり強引な、暴力を伴うような措置を取らざるを得ないことになると思われる。そうなると、諸個人の「自由意志」と真っ向から衝突することになるし、快楽よりも不快の総量が上回ってしまって、本末転倒になる可能性もある——無論、余計な欲望を抱く人間を間引きし、〝正常な欲望〟しか抱かない人だけから成る政治的共同体を作って、そこで「最大多数の最大幸福」を追求するというのなら、話は別である。［B］功利主義的な考え方は、福祉や公共事業など特定の公共政策の策定に際して応用されることは多いが、現実に存在する一つの国家の包括的な統治原理として採用されることはなかった。

しかし、ここ数年日本の思想論壇の一部でアーキテクチャー論という形で、功利主義的な統治の実現可能性が論じられている。「アーキテクチャー」とは「建築」あるいは「構造」を意味する英語だが、この場合は、人々が社会的に望ましくない行動を取るのを技術的に不可能にする環境の「設計」を意味する。既に現実化されている身近な例から言えば、ネットやテレビ、DVD、ブルーレイ等の情報が、著作権やプライバシー権を無視して不正にコピーされるのを防止するために、新たなルールを作ったり、罰則を強化するのではなく、最初からコピーすることが技術的に不可能なように「設計」するということがある。犯罪を誘発しそうな有害情報を掲載するホームページへのアクセスを制限する装置もあるし、著作権法違反のサイトが開設されると、自動的に削除する技術も開発されている。

アーキテクチャー的な規制は、ネットなどでの電子情報管理・保護に限定されることなく、我々の日常生活の様々な場面で応用されつつある。映画館やコンサートホールには、妨害電波を出して携帯電話を使えなくする通信機能抑止装置を取り付けているところもある。飲酒運転防止のために、運転手の呼気のアルコール度数を検知し、一定の数値を超えたらエンジンがかからなくする装置も開発されている。

②アーキテクチャーは、「法」による規制とは違って、言語を介して人間の意識に働きかけることが不要だとされている。「法」を利用する場合、人々に法の意義を説いて遵法へと呼びかけ、違法行為と思われる事態が生じた場合、法の解釈をめぐって裁判で争うといった手間がかかる。「法」は、従うか従わないか、従うにしても、具体的にどういう行動を取るのかという選択をその都度各人の「自由意志」に委ねるので、効率が悪く、面倒くさい。個人の意識とは関係なく、物理的環境だけを制御するアーキテクチャーでは、そういう人間的な面倒くささが省かれ、その分だけ、統制する側／統制される側双方にとって、エネルギーを節約し不快感を減らせる可能性がある。

現在話題になっているようなアーキテクチャーのほとんどは、多少なりとも注意して観察していれば、どのようにして我々の行動を制約しているのか見て取れる、可視的なものである。そうでなかったら、専門的な技術者でもない文系知識人が論壇で話題にすることなどできないだろう。「気付かないうちに管理されていた」ということに気付けば、不快感を覚え、抵抗する人が出てくる。[C]、〝我々〟がアーキテクチャーの作り出す〝悪いことができない環境〟に慣れると、抵抗感が薄れていく可能性はある。ネット上のセキュリティ技術が完全になり、他人のパソコンへの不正アクセスが絶対不可能になったとすれば、その環境の中で長い間生きている人は、他人のパソコンを覗き込むのは、他人の心の中を覗《のぞ》き込むのと同じくらいに、最初から無理なことだと感じるようになるかもしれない。

更に言えば、私たちの内なる欲望に無意識レベルで働きかけ、最初から〝悪いこと〟を望まず、〝最大多数の幸福に適《かな》ったこと＝善いこと〟だけ欲望するように誘導できる、極めて洗練された超アーキテクチャーが開発されたとしたら、議論の様相は全く異なってくる。生まれた時から超アーキテクチャーに囲まれて生活し、プログラム化された〝快適さ〟を〝自然〟だと感じる人ばかりになったとすれば、管理している／管理されている、支配／被支配、自由／従属といった、③現在の〝私たち〟の「自由」感覚を支えている境界線が相対化されていくはずだ。

現時点では、私たちの欲望を完全にコントロールして、途絶えることなく「幸福」感を与え続けられる超アーキテクチャーがすぐに実現可能だとは思えないので、各個人が基本的な「自由権」を持ち、いざという時には権力の不当な行使に対抗するという古典的な自由主義の図式を維持した方が得策に思える。しかし、昨今の「自己責任論」*批判の議論に見られるように、複雑化し、先の見通しの利かない現代社会で、各人が自らの生き方を自分だけで決定するのは無理ではないかという論調も強まっている。そういう論調が、〝みんなの幸福〟を、合理的に設計しようとする超功利主義的な方向に流れていかないとも限らない。「何のための自由か？」という問いが、近い将来、極めてアクチュアル*な意味を持つことになるかもしれない。

＊自己責任論＝自分の行動の結果は、どのような状況であっても、全て自分の責任だとする考え方。

＊アクチュアル＝現実的。

(1) A～C に入る最も適切な言葉をそれぞれ次から選び、記号で答えよ。

ア しかしながら　**イ** ましてや　**ウ** そのため

エ 言い換えれば　**オ** では　**カ** この際

A（　）　B（　）　C（　）

(2) 傍線部①「『自由』を個人の権利として保障することに実質的な意味はなくなる」とあるが、この理由を説明した次の文の□に入る適切な言葉を、三十字以内で書け。

国家によって矯正された各人の欲望と、国家が追求する「最大多数の最大幸福」という目標が一致することで、□から。

(3) 傍線部②「アーキテクチャーは、……働きかけることが不要だとされている」とあるが、これはなぜか。四十字以内で説明せよ。

(4) 傍線部③「現在の〝私たち〟の『自由』感覚を支えている境界線が相対化されていく」とあるが、これはどういうことか。最も適切なものを次から選び、記号で答えよ。

ア 完全な技術によって、「自由」の実現が最初から無理なことだと感じてしまうということ。

イ 常に幸福が実現されることで、制御されている状態に抵抗感を覚えなくなるということ。

ウ 生まれた時から快適に過ごしているため、環境の変化に適応しづらくなるということ。

エ 最大多数の幸福の実現によって、支配している権力が暴走しやすくなるということ。

（　）

(5) 本文の内容に合致するものとして最も適切なものを次から選び、記号で答えよ。

ア ベンサムは「功利主義」を提唱し、各人の「幸福」を「快楽」として計量化することで、各人の「自由」の実現に寄与した。

イ パノプティコンという監視・統制装置は、人々を自発的に規律へと導き、共同体の「最大多数の最大幸福」を目指したものである。

ウ アーキテクチャー的な規制は、ネットに限らず日常的にも行われており、それに対する不快感や抵抗感から批判を受けている。

エ 超アーキテクチャーはまだ実現できないので、古典的な自由主義の図式を保ちながら、幸福と自由の関係を考え続けたほうがよい。

（　）

6

流言のメディア史

佐藤 卓己

解答➔別冊25ページ

● 次の文章を読んで、あとの問いに答えよ。なお、設問の都合により、原文の一部を変更した。

〔学習院大―改〕

「歴史上最速で普及した工業製品」であるスマートフォンが新聞、雑誌、ラジオ、テレビと大きく異なるのは、一人一台を*デフォルトとする情報端末であることだ。①家族の中の事情通（オピニオン・リーダー）の同伴なく、誰もが一人で*ビッグデータと向き合っているわけである。マスメディアは情報を制御するゲートキーパー機能を備えていたが、インターネットはゲートキーパーなき情報拡散メディアである。そのウェブ空間において、メディア流言は異常でも特別でもない、自然で［A］的な情報なのだ。

他方で、私たちはAI（人工知能）が本格的に利用される次のステージも想定しておくべきだろう。ビッグデータから文章を自動生成し、それを自動校正システムにかけて記事を出稿するAI記者はすでに実用段階に入っている。AIの開発では客観的で信頼できる情報システムが目指されている。*アルゴリズム次第では人間の能力を超えた水準で誤情報、あるいは*フェイクニュースを排除することは可能である。AIを使った流言の排除により、「真実の時代」を実現することもできるだろう。問題はフェイクニュースなどメディア流言が消えた社会が果たして「良い社会」となっているかどうかである。AI駆動の「真実の時代」において、人間はその情報が正しいかどうか悩まなくてよいとすれば、それは人間にとっては快適な情報環境にちがいない。ただし、ウェブ上の快適な政治が良い政治とは限らないように、こうした快適な情報環境が本当に良い世界になると言えるだろうか。

誤情報はすべて排除して正しい情報のみを残すべきだ、そうした主張はなるほど正論である。しかし、この正論は歴史上しばしば社会の多様性を抑圧する権力側の口実として利用されてきた。そして公共メディアで「正しい情報」のみが伝えられた全体主義国家、たとえばナチ第三帝国であれ、ソビエト連邦であれ、それは流言にあふれた社会であった。しかし、AI時代の全体主義国家であれば、オルタナティブ・ファクト（代替的事実）である流言をメディアから完全に排除する「クリーンな情報社会」を実現できるかもしれない。

さらに、より［B］的な問いに目を向けたい。そもそも客観的で信頼できるAI制御の情報空間で、人間は本当に幸せに暮らせるのだろうか。たとえば、そうした情報システムが進路選択に採用されたとする。AIがあらゆる受験生の個人情報をビッグデータに照らして客観的に判断すれば、一発勝負の試験だけではなく普段の学習態度まで加味した、誰も不満を口にできないほど正確な客観的評価をくだすことも可能だろう。

だが、まさに「誰も不満を口にできない」評価の存在こそが問題なのである。こうした「真実の評価」で選ばれなかった者の身になって、それが自己肯定感に与えるダメージの大きさを考えてみればよい。現行レベルの、つまり改善の余地がある選抜システムであればこそ、言い訳はいくらでも可能なのだ。客観性を極度に追求した人物評価システムで「ダメだし」を受けた場合、そのダメージは決定的である。エリート（選良）だけが自己肯定感を満喫できる社会が望ましいとはとても思えない。だとすれば、②客観性と正確性を追求するAIの世界において、私たち人間の最後の拠り所が「あいまいさ」なのではなかろうか。

そう考えるなら、あいまい情報であるメディア流言も単純に否定すべきものではなく、私たちは「流言がある世界」をまず現実として受け入れる必要があるはずだ。そもそも、日常生活における私たちの行動はほとんど身の回りで耳にするあいまい情報に基づいて決定されている。しかし、それで生活に不都合をきたすことは少ない。私たちの自由はそうした不確実な情報環境の上に成り立っている。さらに言えば、あいまい情報によって人間は新しい情報環境に適応する能力を日々鍛えられているのである。

流言、デマ、風評、誤報なども、その分析を通じて社会の感情や欲望、すなわち世論への洞察に導いてくれる貴重なデータである。世論（大衆感情）より輿論《よろん》（公的意見）を尊重するべきだという私の規範意識は変わらないが、これからの時代において世論をますます注視する必要があることは確かである。そのためにも、「国民感情調査」である世論調査はますます有効に活用すべきだろう。

ただし、AI時代においては、わずらわしいアンケート調査に回答しなくても、ビッグデータで代用できるものが多い。また、情報が少なければ、私たちは情報の欠落部分を何とか解釈で埋め合わせようとしてきたが、AI駆動で情報の欠落がまれになる「真実の時代」に、私たちは思考力を働かせようとするだろうか。むしろAIが示してくれる合理的な解釈に判断をゆだねるのではあるまいか。その方が安楽だからである。その結果、こうした情報空間で人間に求められるのは理性的な思考より感情的な決断

だけとなる。すでに二〇世紀の「輿論の世論化」において始まった、情報社会から情動社会への変化はいっそう加速するはずだ。

まだ文脈依存型なコミュニケーションの印刷メディアが主流であった情報社会では、討議による論理的な合意形成、すなわち［Ｃ］的な輿論は理想でありえた。しかし、つながっている状態そのものに価値をみとめる接続依存型コミュニケーションのSNSが主流となる情動社会では、情緒的な世論に人々は身をゆだねるだけになるのではないか。

SNS上のフェイクニュースも、メディア流言と同様に、その内容の大半は犯罪・災害・戦争など恐怖や憎悪の感情を呼び起こす［Ｄ］的な事象であり、特にマイノリティーや外敵に関する差別表現が多い。それは人間という生き物の暗部を理解するためには必要なデータである。ヘイト情報として取り締まるべき対象であったとしても、それは私たち自身が真摯に向き合う課題である。しかし、そうしたヘイト情報に向き合うこと、ましてその規制にたずさわることは、誰にとっても決して気持ちのよい仕事ではない。そのわずらわしさから、ヘイト情報の削除をAIにゆだねたいと考えるのは自然なことなのだ。

この点こそ、未来の深刻な問題だと私は考えている。私自身をふくめ、多くの人は快適さを求めてわずらわしい判断をAIにゆだね、その動きに適応してゆくはずだ。AIの動きを予測して動くことは、機能的に見れば、AIに命令されているのと変らない。［ⓐ］が［ⓑ］化するより、［ⓒ］が［ⓓ］化する可能性が高いのである。そしてAIはあいまい情報を苦手とするため、［ⓔ］化した［ⓕ］があいまい情報の自動的なクレンジングを要求するという事態は十分に予想できる。

マスメディアの責任をただ追及していればよかった安楽な「読み」の時代はすでに終わり、一人ひとりが情報発信の責任を引き受ける「読み書き」の時代となっている。こうした現代における言語・映像・記号等を理解す

る力の本質とは、あいまい情報に耐える力である。この情報は間違っているかもしれないというあいまいな状況で思考を停止せず、それに耐えて最善を尽くすことは人間にしかできないことだからである。

＊デフォルト＝標準。　＊ビッグデータ＝SNSなどから収集された、巨大なデータ集合。　＊アルゴリズム＝問題解決のための手順。　＊フェイクニュース＝虚偽報道や捏造《ねつぞう》報道。

(1) [A]～[D]に入る最も適切な言葉をそれぞれ次から選び、記号で答えよ。

ア 宇宙　**イ** 怪奇　**ウ** 感情　**エ** 貴族　**オ** 経験　**カ** 幻想
キ 合理　**ク** 根源　**ケ** 暫定　**コ** 市民　**サ** 消費　**シ** 生産
ス 都会　**セ** 日常　**ソ** 農民　**タ** 否定

A（　）B（　）C（　）D（　）

(2) [ⓐ]～[ⓕ]には、「AI」と「人間」のいずれかが入る。「AI」の場合は**ア**、「人間」の場合は**イ**を書け。

ⓐ（　）ⓑ（　）ⓒ（　）ⓓ（　）ⓔ（　）ⓕ（　）

(3) 傍線部①「家族の中の事情通（オピニオン・リーダー）の同伴なく、誰もが一人でビッグデータと向き合っているわけである」とあるが、筆者はこうした状況となった現代をどのような時代だと考えているか。三十字以内で説明せよ。

(4) 傍線部②「客観性と正確性を追求するAIの世界において、私たち人間の最後の拠り所が『あいまいさ』なのではなかろうか」とあるが、筆者がこのように考えた理由を説明した次の文の[　]に入る適切な言葉を、「思考」という言葉を用いて、三十五字以内で書け。

AIの導入によってメディアが大きく変化している現代だからこそ、[　]べきであると考えているから。

(5) 本文の内容に合致するものとして適切なものを次から二つ選び、記号で答えよ。

ア 流言という情報伝達のスタイルはAIの発達によって、時代遅れのものになっている可能性が大変に高い。

イ 歴史的に見れば、正しい情報のみを残すべきだという主張が悪用されたが、一定の反発を買ったことも確かめられる。

ウ いくらAIが発達しても、AIには限界があるので、人間の能力が必要とされるときが、待っていれば必ずやってくるはずだ。

エ AIを利用することで人間は今まで以上によい存在になれるはずなので、そのためのアルゴリズムを開発することが重要な課題となっている。

オ AIの発達した現代においてこそ、新聞、雑誌、ラジオ、テレビなどのマスメディアのゲートキーパー機能をより強化する方策を模索するべきである。

カ 二〇世紀に入って、社会的な動向として、理性的な議論をへて形成された公的な意見よりも、感情に流されやすい大衆の主張に従う傾向が強く現れている。

キ AI時代になって、集積されたビッグデータを効率よく活用する方法を考えることが、SNSだけでなく、既存のメディア・企業・個人などにも重要な課題となっている。

（　・　）

7 平等

瀧川 裕英

解答→別冊29ページ

● 次の文章を読んで、あとの問いに答えよ。なお、設問の都合により、原文の一部を変更した。〔法政大―改〕

かつて日本は「一億総中流」といわれた。総理府（現・内閣府）の調査によれば、自分を中流だと答える人の割合は、高度成長期を経た1970年に約9割となった。こうした中流意識は、実は現在までそれほど変わらない。しかし、日本はいまや「格差社会」になったとして問題となっている。

まず確認したいのは、格差と貧困の違いである。その違いは、具体的な問題の違いとなって現れる。問題となる格差とは、勝ち組と負け組、下流社会の出現、正規雇用と非正規雇用などである。これらはいずれも、他人との比較を含んでいる。

これに対して、問題となる貧困とは、ワーキング・プア（約700万人）、ホームレス（約8000人）、母子家庭（約124万世帯）、失業、多重債務などである。これらが問題となるのは、他人と比較して劣位におかれるからではない。隣人よりいくらか所得が高いとしても、貧困は貧困である。

このように格差と貧困を区別するのは、次の問いを問うためである。格差があることは、それ自体問題か。格差があるのは悪いことだろうか。

貧困がそれ自体として重大な問題であることに異論はないだろう。貧しい人は救われる必要がある。だが、格差は問題だろうか。格差がない状態を平等と呼ぶならば、この問いは次の問いへとつながる。平等は重要か？

一般に平等は自由と並ぶ重要な価値だと考えられている。しかし、平等が重要であるという平等主義は、実は反直観的な帰結をもたらすとして批判されている。

ここでは、AとBの2人からなる社会を考えよう。それぞれの所得を（Aの所得、Bの所得）という形で表す。次の二つの社会状態を考えてみよう。

（1）（10、5）
（2）（7、7）

（1）は格差がある社会であり、（2）は平等な社会である。社会の総所得は（1）の方が多いが、平等が重要であるという考え方からすると、（1）よりも（2）のほうが正しい社会である。

ここで、第三の社会状態を考えてみよう。

（3）（5、5）

（1）と（3）はどちらが正しい社会だろうか。平等が重要であるという考え方からすると、格差のある（1）よりも平等な（3）のほうが正しい社会だということになる。しかしながら、（3）は、（1）と比べてBの所得は全く変化なく、Aの所得を10から5へ低下させただけの社会である。

要するに、平等が重要だというと、持たざる者に与えることだと思われがちだが、実際には持てる者から奪うことまでも正当化されてしまう。例えば、自然災害によって豊かな人に経済的損失が生じることで平等に近づくことは、それ自体よいことだということになってしまう。このような平等主義に対する批判は、水準低下批判と呼ばれる。すべての人の状態が同じであるという意味で平等であることはそれ自体よいことであるという主張(目的論的平等主義と呼ばれる)は、水準低下批判を招いてしまう。

水準低下批判を回避するための一つの方法は、平等を目指すべきなのは、平等な状態がそれ自体よいからではなく、例えば人は公平に扱われる権利を持っているからだと主張することである。これは、①義務論的平等主義と呼ばれる。

義務論的平等主義が関心を持つのは、人間の行為に起因する不平等だけであり、生まれ持った才能の不平等を是正することは義務の対象外である。例えば、生まれつき目の不自由な人と目の不自由でない人の平等を達成するために、後者の視力を奪う方法しかないとしても、そうすべきだとは主張しない。このように持てる者の水準低下を要求しないので、水準低下批判を回避している。

だが、義務論的平等主義が目指すのは、あくまで同じ社会に属する人々の間の公平な取扱いだけである。そのため、全く別の世界に住む人々の間の平等はその射程外である。つまり、二つの社会の間に甚大な格差があったとしても、それを是正すべきだとは主張しない。

これに対して、格差は是正されるべきだがその理由はより状態の悪い者を優先することにあると考えるのが、デレク・パーフィット*の提唱する②優先主義である。つまり、より貧しい者に優先的に分配することこそが重要である。パーフィットの理解では、平等主義者の多くが実際に重視しているのは、平等それ自体ではなく、より恵まれない者の優先的取扱いである。

具体的に見てみよう。(1)と(2)を比べると、(1)でのより状態の悪い者(B)の所得は5、(2)でのより状態の悪い者(この場合は、AとB)の所得は7なので、(2)のほうが正しい。(1)と(3)を比べると、より状態の悪い者の所得は同じく5だが、その次に状態の悪い者の所得が(1)では10、(3)では5なので、(1)のほうが正しい。

平等主義と優先主義の相違を正確に確認しよう。確かに、平等主義は優先主義と同じく、より状態の悪い者に優先的に分配する。なぜなら、そうすることで平等が達成されるからである。優先主義の独自性が現れるのは、その理由である。平等主義がより状態の悪い者を優先するのは、そうすることで不平等が減少するからである。これに対して、優先主義は格差が少ないこと、あるいは平等であることはそれ自体よいことだとは考えない。優先主義が問題視するのは、より状態の悪い者の状態が絶対的基準に照らして悪いことであり、他人との比較で悪いことではない。

平等それ自体が重要でないことを認めた上で、優先主義とは別の考え方をするのが、ハリー・フランクファート*の③十分主義である。十分主義は、他人と比較して少ないことが問題なのではなく、絶対的に少ないことこそが問題だとする。つまり、万人が同量を所有することではなく、各人が十分量を保有することが重要である。十分主義からすれば、格差は問題ではない。

仮に個人の十分量が7であるとしよう。この場合十分主義によれば、Aのみが十分量を保有する(1)よりも、ABともに十分量を保有する(2)のほうが正しい。(1)より(2)が正しいのは、(2)が平等だからではなく、十分量を保有する人が多いからである。また、(1)と(3)では、Aが十分量を保有する(1)のほうが正しいことになり、水準低下批判を免れている。

もちろん、どれだけ保有すれば十分量といえるかについては、議論の余地がある。十分量とは、十分によい人生を送るのに必要な量であり、生存のために必要な最低量よりも相当程度多いといえる。そのような一定水準以上の資源を享受することが重要である。格差が存在すること自体が重要な問題だと誤解されているのは、格差と、十分量が欠如しているという意味での貧困とが混同されているからである。

　優先主義と十分主義の違いは、例えば個人の十分量が5であるときに現れる。(1)と(2)で比較すると、優先主義では、より状態の悪い者が優先されている(2)のほうが正しい。しかし、十分主義では、どちらの場合もすべての人が十分量を保有しているので、(1)と(2)は同じ程度に正しい。つまり、すべての人が十分量を保有しているとき、優先主義はより状態の悪い者をあくまで優先すべきだと考えるのに対し、十分主義はその必要はないと考える。

　このように、平等が重要でないとしても、より状態の悪い者の優先か、十分量の所有か、いずれが重要と考えるかで結論は変わってくる。しかしいずれにせよ、〈平等であることはそれ自体よいことである〉という平等主義を批判する点では、優先主義と十分主義は□する。

＊デレク・パーフィット＝イギリスの哲学者。

＊ハリー・フランクファート＝アメリカの哲学者。

---

(1) 傍線部①「義務論的平等主義」とはどのような考え方か。文中の言葉を用いて五十字以内で説明せよ。

(2) 傍線部②「優先主義」はどのような考え方をするか。最も適切なものを次から選び、記号で答えよ。

ア 国家は国民に対し、一定水準以上の資源を享受できるよう、経済活動の自由を保障する義務を負う。

イ 生きてゆくために必要な最低限度の資産を各人が持っているか否かという観点から、平等の達成度を測る。

ウ 各人が十分量を保有することよりも、万人が同量を持つことの方が優先されるべきである。

エ より恵まれない人々に優先的に分配を行うことを重視し、不平等をなくすことは目的としない。

オ 状態の悪い人々が公平に扱われるために、福祉政策を優先的に実施してゆく必要がある。

（　）

(3) 傍線部③「十分主義」はどのような考え方をするか。最も適切なものを次から選び、記号で答えよ。

ア 生存のために必要な最低限度の資産を万人が持つことができれば、社会は結果的に平等になる。

イ よい人生を送るための十分量を各人が保有することが重要なのであり、平等自体が重要なのではない。

ウ 状態の悪い人々に十分な分配を行うのは、社会の総保有量を一定水準以下にしないためである。

エ 国家は国民に対し、健康で文化的な生活を送れるよう、必要にして十分な所得を保障する義務を負う。

オ 最低量を相当程度上回る財を多くの人に行き渡らせるためには、十分な資本が不可欠である。

（　　）

(4) □に入る最も適切な言葉を次から選び、記号で答えよ。

ア 隔絶　イ 矛盾　ウ 首肯　エ 妥協　オ 共闘

（　　）

(5) 筆者が例として挙げている文中の(1)(2)(3)の社会状態について、「平等主義」「優先主義」「十分主義」が考える正しさの関係を表したものとして、最も適切なものを次から選び、記号で答えよ。（ただし、個人の十分量は5と仮定する。）

ア
「平等主義」…(2)>(3)>(1)
「優先主義」…(1)>(2)>(3)
「十分主義」…(1)>(2)=(3)

イ
「平等主義」…(2)=(3)>(1)
「優先主義」…(2)>(1)>(3)
「十分主義」…(1)=(2)=(3)

ウ
「平等主義」…(2)>(1)=(3)
「優先主義」…(1)>(2)=(3)
「十分主義」…(1)=(2)>(3)

エ
「平等主義」…(3)>(2)>(1)
「優先主義」…(2)>(1)=(3)
「十分主義」…(2)>(3)>(1)

（　　）

(6) 本文の内容に合致するものとして最も適切なものを次から選び、記号で答えよ。

ア 高度成長期以降、自分を中流だと答える人の割合が約9割となったが、それは、「格差があるのは悪いことか」という問いを立ててこなかったからである。

イ 勝ち組と負け組、正規雇用と非正規雇用などの格差問題は、それぞれの比較によって顕在化したものに過ぎないので、哲学者たちの考察の埒外《らちがい》にあった。

ウ ワーキング・プアやホームレスなどの貧困が問題となるのは、それらが、他人と比較して劣位にあるからではなく、絶対的に貧しい存在であるからである。

エ 目的論的平等主義は、人々が平等であることそれ自体を正しいと考えるが、社会の総保有量を重要視する点で、義務論的平等主義とは立場を異にする。

オ 優先主義を主張するにせよ十分主義を主張するにせよ、異なる社会の間の不均衡をなくすためには、格差という語と貧困という語を概念的に区別する必要がある。

（　　）

(7) 二重傍線部「平等が重要であるという平等主義は、実は反直観的な帰結をもたらすとして批判されている」とあるが、どういうことか。次の文の□に入る適切な言葉を、三十字以上四十字以内で書け。

□という批判を受けているということ。

8 スマホを捨てたい子どもたち

山極 寿一

解答➡別冊35ページ

● 次の文章を読んで、あとの問いに答えよ。なお、設問の都合により、原文の一部を変更した。〔成蹊大―改〕

文章A

スマホへの漠とした不安の正体は何なのか。この問いについて考える前に、まず、皆さんに質問をしたいと思います。

❶日常的におしゃべりする友だちは何人くらいいますか?

❷年賀状やＳＮＳ、メールで年始の挨拶を発信しようと思うとき、リストに頼らず、頭に思い浮かぶ人は何人くらいいますか?

いかがでしょう。ぼくが今まで学生などに聞いた限り、❶は10人くらい、❷は１００人くらいまで、というのが標準的な答えです。これは、おそらく全国どこでも同じだと思います。

ぼくが、なぜこのような質問をしたかというと、今、「自分がつながっていると思っている人」の数と、「実際に信頼関係でつながることができている人」や「信頼をもってつながることができる人」の数の間にギャップが生まれているのではないか、そして、このギャップの大きさが、現代に生きる人たち、特に生まれたときからデジタルに囲まれた世界に生きる若者たちの不安につながっているのではないか、そう思うからです。

〈中略〉

人間の脳の大きさには、実は集団規模が関係しています。チンパンジーとの共通祖先から分かれた約７００万年前から長らくの間、人間の脳は小さいままでした。この頃の集団サイズは10～20人くらいと推定されています。これは、ゴリラの平均的な集団サイズと同じ。言葉ではなく、身体の同調だけで、まるで一つの生き物のように動ける集団の大きさといえます。サッカーが11人、ラグビーが15人など、スポーツのチームを考えるとわかりやすいでしょう。これは、皆さんが、互いに信頼し合っておしゃべりをする友だちの数❶に当たります。２００万年前、脳が大きくなり始めた頃の集団サイズの推定値は30～50人程度。ちょうど先生一人でまとめられる一クラスの人数ですね。日常的に顔を合わせて暮らす仲間の数、誰かが何かを提案したら分裂せずにまとまって動ける集団の数です。

その後、人間の脳は急速に発達します。今から約60万～40万年前には、ゴリラの3倍程度の１４００ccに達し、現代人の脳の大きさになりました。そして、この大きさの脳に見合った集団のサイズが、１００～１５０人。これが❷に当たる数です。

「真につながれる人の数の限界は１５０人?」これは、ロビン・ダンバーというイギリスの人類学者が、人間以外の霊長類の脳の大きさと、その種の平均的な集団サイズの相関関係から導き出した仮説に基づく数字です。ダンバーは、平均的な集団サイズが大きければ大きいほど、脳に占める大脳新皮質、つまり知覚、思考、記憶を司る部分の割合が大きいことを明らかにしました。

そして、現代人の脳の大きさに見合った集団の人数を示す、この「150」という数字は、実に面白い数字であることがわかりました。文化人類学者の間で「マジックナンバー」といわれているのはそのためです。

〈中略〉

今、ぼくたちを取り巻く環境はものすごいスピードで変化しています。人類はこれまで、農耕牧畜を始めた約1万2000年前の農業革命、18世紀の産業革命、そして現代の情報革命と、大きな文明の転換点を経験してきました。そして、その間隔はどんどん短くなっています。農業革命から産業革命までは1万年以上の年月があったのに、次の情報革命まではわずか数百年。この四半世紀の変化の激しさを考えれば、次の革命まではほんの数十年かもしれません。その中心にあるのがICT(Information and Communication Technology = 情報通信技術)です。インターネットでつながるようになった人間の数は、狩猟採集民だった時代からは想像もできないくらい膨大になりました。

一方で、人間の脳は大きくなっていません。つまり、インターネットを通じてつながれる人数は劇的に増えたのに、人間が安定的な信頼関係を保てる集団のサイズ、信頼できる仲間の数は150人規模のままだということです。テクノロジーが発達して、見知らぬ大勢の人たちとつながれるようになった人間は、そのことに気づかず、AIを駆使すればどんどん集団規模は拡大できるという幻想に取り憑かれている。こうした誤解や幻想が、意識のギャップや不安を生んでいるのではないか。ぼくはそう考えています。そして、子どもたちの漠とした不安も、①このギャップからきているのではないでしょうか。

文章B

ぼくたち人間は、進化の過程で言葉を得たことで、距離を保ってつながれるようになるとともに、身体を使わず、時間と空間を超え、いろいろな人とつながることができるようになりました。

言葉はポータブルなものです。重さがないので、どこにでも持ち運びができる。言葉を使うことで、過去に起こったことを、まるで目の前で起こっているかのように解説することができるし、目の前で起きていることを、別の場所、もしくは今ではない時間に再現することもできます。自分が行ったことのない場所で起こったことを、あたかも行ったかのように再現して伝えることもできます。言葉を得た人間はフィクションを生み出しました。

一方、言葉をもたない動物は、その場で瞬時に直感で対峙し、解決します。それ以外のオプションをもちません。人間も本来、同じ能力をもっていたはずですが、言葉の力が大きくなるにつれ、その力が減退しました。たとえば、その場はやり過ごして、あとで考えるといった状況では、言葉が力をもちます。〈中略〉フィクションが前面に出てくれば、動物のように生の感情のぶつかり合いを通じて瞬時に何らかの解決策を見出す、という人間本来の能力が落ちていきます。

こうして今、人間の世界には、身体を通じたコミュニケーションをまったく無視した社会が出来上がっています。

人間は、言葉でルールをつくっています。たとえば、保育園では、「ねんねの時間ですよ」「一列に並びましょう」と言われて、子どもたちは眠くないけど眠らされ、並びたくはないけど並ぶ。〈中略〉こうした言葉による規制が先にあって、自分がしたいことより、その規則を守ることが先決になります。会社のルールや法律など、すべて言葉によるルールです。〈中略〉

かつては、人間も、身体感覚でさまざまな問題を解決してきました。お互いの関係や環境は毎日変わります。こうすれば今日はこうなるということを直感で判断して互いの関係を調整していました。〈中略〉

ところが、今の人間社会は、[　　]に従うことが日常生活になっています。言葉が先行しているから、身体が感じていることより言葉を信じる。ルールが合わなくなったときにすぐに調整することができないために無理が生じます。

文章C

人間は、一人だけで幸福になることはありえません。仲間との間につくられた信頼関係の中にしか人間の幸福はありません。人類は、その進化の過程で、信頼関係を結ぶ仲間の数を増やし、社会の力を向上させてきました。その過程でさまざまなものが生まれました。芸術、農業、牧畜、漁業、林業、工業、科学技術などはすべて人間が生み出してきたものです。それらを生み出した先に、より多くの仲間と信頼関係を結ぶことが幸福につながるという確信があったのでしょう。

仲間の数を増やしたのは動物も同じかもしれません。ただ、②人間以外の動物には、人間のようなコミュニケーション技術をつくることはできませんでした。信頼関係ではなく、身体の同調だけで成り立っているヌーの大群のような例はありますが、それは、大量かつ均一に得られる草を食べる能力と、肉食獣の脅威から身を守ることによってできたものです。類人猿のように、一定の信頼関係をつくり上げている種もありますが、やはり一定以上に仲間の数を増やすことはできませんでした。熱帯雨林を出ていないことがその証拠です。熱帯雨林を出て多様な環境に適応するためには、人間のように自分を犠牲にしても仲間のために尽くそうとする強い共感力をもった社会をつくる必要があるからです。

〈中略〉

人間は本来、他者に迷惑をかけながら、そして他者に迷惑をかけられながら、それを幸福と感じるような社会の中で生きていく生物です。迷惑をかけることで絆は深まる。ぼくは、このことをアフリカの人々やゴリラから学びました。〈中略〉

ガボン共和国のムカラバ国立公園でニシローランドゴリラのフィールドワークをしていたときには、心優しいシルバーバックとの出会いがありました。あるとき、彼が率いるグループでひとりゴリラとの衝突事件が起きます。この衝突によって、乳離れ間近の子どもゴリラが、母親を失うと同時に、右手のひじから先を失う大ケガをしました。ぼくたちはこのゴリラにドドという名をつけていたのですが、母親もおらず、手をついて歩くこともままならなくなった彼の運命は厳しいだろうと誰もが思いました。ところが、ドドは生き延びた。それはシルバーバックの思いやりのおかげでした。移動時、群れから遅れがちなドドをゆっくりと待ち、木に登れないドドのために木の上からフルーツを落とす。心折れずにたくましく生きるドドの姿とともに、そのシルバーバックの思いやりにぼくは感心しました。そして、安全な森からサバンナへ出て、別の森に移動していくときに、その思いやりはシルバーバック以外のゴリラにも表れました。先に森に入った若いゴリラらが森の縁まで戻り、ドドが安全に森に到達するまでじっと見守っていたのです。

仲間を思いやるこうした行動は、危険な状況に直面したときに強化されます。きっと人類の祖先も熱帯雨林からサバンナに出ていく過程で共感力を高めていったのでしょう。ゴリラが家族的な集団の中で見せたこの共感力を、人間は、家族よりずっと大きな集団に拡大してきました。それが今、弱体化しつつあります。これからの時代に、その共感力や社会力をどうやってつくっていくかがぼくたちの課題でしょう。

文章D

今、日本でも欧米でも、西洋哲学と近代科学を唯一のよりどころとして文明を推し進めてきたことを反省しようという動きが強まっています。早急に③新たな発想を取り入れていかないと地球は崩壊してしまう、と。西洋哲学は、主体性をもっているのは人間だけであるというスタンスです。近代科学にとって、環境は人間が管理するものです。環境を変えることで人間に都合の良い世界をつくっていくことが大事であり、技術はそのためにあるという考えです。こうして主体と客体をはっきり分け、自然を管理してきた結果、今日のような大規模な自然破壊が起きました。〈中略〉

こうした中で注目されているのが、東洋哲学の中にある「容中律」（肯定でも否定でもなく、肯定でも否定でもある、とする論理）の概念なのです。これは、0か1、その間を許さない西洋発の概念「排中律」（どのような命題も真か偽のいずれかであるとする論理）の逆を行くもので、わかりやすくいえば、両方の存在を許すことです。

〈中略〉「どちらでもある」ということが言えれば世界は変わるのに、それができずに、世界は行き詰まりを見せています。だから、それを解決する手段として「容中律」という哲学、科学のあり方が模索されているのでしょう。

今、世界はとことん正解しか求めません。それが分断につながっています。世界は本来、「実は正解がいくつもある」というものに満ちています。たった一つの正解に至らなくても、決定的に不正解に陥らなければ、戦争も起きないし、命も失われません。

考えてみれば、今のデジタル社会も、0か1かという発想でつくられています。その中間も、「どちらも」という考え方も許されません。それも排中律の概念に基づくもので、だからデジタル空間には「間」がありません。「仲間なのか、仲間ではないのか」と迫るSNSの世界がまさにそうでしょう。仲間でありつつ仲間でないという発想がなぜできないのか。どちらにも属するかもしれないし、どちらにも属さないかもしれないという「間」の発想が世間一般に広がれば、もっといろいろなことが楽になるはずです。ネットワーク社会の特徴である点と点とのつながりを、弱点ではなく利点として応用すればいいのです。

科学技術と同じく、ネガティブな方向に使われ始めてしまった「言葉」も、人間は変えることができるのではないかと思っています。むしろ、ぼくたちは言葉の壁を越える技術をもたなくてはいけない。〈中略〉

経済はいち早くグローバル化しましたが、文化の壁を乗り越えることはまだできていません。その境界をうまく溶かして世界を調和させる方策を手に入れることができれば、それが新しい時代を生み出すことになるでしょう。

ぼくたちおとなは、今の自分たちの頭の中にあるものからしか未来を創造できません。今の若者たちは、ぼくたちよりAIを使える頭脳をもっています。人間の頭で考えられること以上のものをつくり出す可能性がある。たとえば、囲碁も、目的をもって新たなアルゴリズムをつくる作業を得意とするAIのほうがうまいですね。「創発」という言葉を聞いたことがありますか？たとえば、一匹一匹のアリがしていることをそれぞれ見ると、とても単純なことをしているように見えます。しかし、個々の動きが相互に作用することで、立派な巣が出来上がり防衛も子育ても分担できるという、全体では思いもよらない高度な秩序が生まれる。脳についても一つひとつの神経細胞がやっていることは単純な電気刺激の受け渡しですが、脳全体で見れば途方もない知的な活動をしています。そういう現象を「創発」と呼び、生物学、情報科学、社会学などさまざまな分野で引用されていますが、AIを利用した創発を繰り返していけば、どこかで、思いがけない「創発」が起こるかもしれません。

人間の未来は、とんでもない方向に進む可能性もはらんでいるけれど、ユートピアに行き着く可能性も大いにある。ぼくはそう思っています。

(1) 傍線部①「このギャップ」が生じているのはなぜか。六十字以内で説明せよ。

(2) □に入る最も適切な言葉を次から選び、記号で答えよ。

ア 環境　イ 直感による判断　ウ 身体の同調
エ 不変のルール　オ 身体感覚
（　）

(3) 傍線部②「人間以外の動物には、人間のようなコミュニケーション技術をつくることはできませんでした」とあるが、それはなぜか。四十字以内で説明せよ。

(4) 文章Cにおける筆者の主張として最も適切なものを次から選び、記号で答えよ。

ア 人間の進化は、家族より大きな集団に共感力を拡大することで仲間を増やしたことが要因だが、その共感力が弱まっている。
イ ゴリラの家族的な集団においても仲間を思いやる行動が見られ、動物でゴリラのみが危険な状況でこのような行動が強化される。
ウ 人間は一人だけでは幸福になれず、信頼関係を結んでいる仲間に迷惑をかけあう暮らしこそ大切にしなければならない。
エ 仲間を思いやる気持ちを育むためには、シルバーバックのように模範となる行動をとれるリーダーの存在が必要である。
オ 身体を通じたコミュニケーションよりも言葉を重視した社会を変えていかないと、人間は幸福を感じることができない。
（　）

(5) 傍線部③「新たな発想」とはどのような発想か。四十字以内で説明せよ。

(6) 本文の内容に合致するものとして適切なものを次から二つ選び、記号で答えよ。

ア どのような問いにも正解があるため、一つの正解を求めて解決策を模索していくことが重要である。
イ 人は、芸術、農業、牧畜、漁業、林業、工業、ＩＣＴなどを生み出したことで、より多くの仲間との信頼関係を結ぶことができた。
ウ 我々は生の感情のぶつかり合いを通じて瞬時に何らかの解決策を見出す、という人間本来の能力を取り戻さなければならない。
エ ＡＩを利用して、個々の相互作用を繰り返していけば、全体で見ると思いがけない創発が起こる可能性がある。
オ 集団を大きくすると、食物や安全な休息場所をめぐってトラブルが増えるが、人間は言葉を使うことで秩序を保っている。
カ 人間は本来他者と迷惑をかけ合いつつ絆を強めることを幸福と感じるもので、仲間への共感力を高めることが今後の課題である。
キ 世界から争いを失くすためには、東洋哲学の中にある「排中律」の概念を取り入れていくことが模索されている。
（　・　）

9 人間と機械のあいだ

石黒 浩

解答→別冊41ページ

● 次の文章を読んで、あとの問いに答えよ。なお、設問の都合により、原文の一部を変更した。

人間は二通りの方法で進化している。一つは遺伝子、もう一つが①技術による進化である。そもそも人間と動物の違いは、道具や技術を使うかどうかという点にある。道具や技術を使う動物が人間なのであり、道具や技術を発展させることで能力を高めていくのも人間の進化の方法である。

走る速さは変わらないのに、自動車や飛行機などの乗り物によって長距離をより短い時間で移動できるようになった。肉体の力も大して変わらないが、機械によって山をまるごと切り崩せるようになり、兵器によって都市を一瞬で破壊できるようにもなった。携帯電話を使って海外の人と話をする人間は、一〇〇年前の人間から見ればテレパシーの使い手であり、超能力者であろう。すなわち、人間は遺伝子と技術という二つの方法で進化を続けているのである。そして技術による進化のスピードは、遺伝子による進化よりも遥《はる》かに速い。そのために人間と動物のあいだには圧倒的な能力差が生まれ、この世は人間に支配される世界になった。

技術が人間の進化であるのは、人間の能力をヒントに技術が開発されてきたからでもあるだろう。人間の作り出す道具や技術は、自らの能力を置き換えたり、さらに高めたりするものである。より遠くに移動するために自動車や飛行機を作り、建物を効率よく建てるためにさまざまな建築機械を開発する。より多くの人に情報を伝えるためにラジオやテレビを発明し、いつでもどこでも話ができるように電話が生まれた。このように技術は、短期間のうちに人間の能力を機械に置換し、その機能を飛躍的に拡張してきたのである。

人間の能力を置換し、拡張する技術開発の歴史において、その②技術開発が止まったことは一部の例外を除いてほとんどない。それには二つの理由がある。

人間は、能力を拡張して生き残っていくという宿命にしたがって、その能力を拡張し続けている。そしてその結果として生み出される技術は、豊かな経済活動を生み出す。人間の能力を拡張する新しい技術は、この世に繁栄し生き残るためには非常に魅力的なものであり、それを手に入れ生活を豊かにすることが生きる目的となる。それゆえ、人類の歴史において、技術が衰退したことはほとんどない。

もう一つの理由は、技術開発そのものが人間理解のプロセスであるからである。より強い力を得て生き残るというだけでは、動物の生きる目的と大差ない。しかし、それが「人間とは何か」という問いを含むものであるからこそ、技術開発は止まらないのではなかろうか。

そもそも人間が技術を生み出せた理由は、その大きな脳にある。人間の脳は、その大きさと複雑さゆえに、自らを客観視することができる知能を持つ。人間には「自分を見る自分」を再帰的に認識できるという、ほかの動物にはない能力がある。

一方で僕らは、自分の顔すら見ることができない。人間を含む動物の多くの感覚器官は、進化の過程で皮膚が変化したものであり、ほとんどが外側に向いているからである。［A］自分の顔も、あるいは自分の胃や腸の中も見ることができない。［B］、人間の脳は、感覚器官を通して得られる膨大な情報をつなぎ合わせることで、脳の中に普遍性をもった「自分」のモデルを作りあげる。これが「客観的に自分を理解する」ということである。脳内で自分や世界をモデル化できる知能を持ったからこそ、人間は自らの能力を参照し、技術に置き換えることができたわけだ（むろん「客観的認識」というものは原理的にあり得ない。「客観的な」自分の理解とは、ある程度の普遍性をもった自己意識を確立できているという意味である）。

ゆえに、技術そのものが人間をモデル化し、理解するための直接的な手段となる。③人間の能力を技術に置き換えることは、人間をモデル化することにほかならない。たとえば、生身の腕をロボット義手に置き換え、生身の腕と同じかそれ以上の機能を得ることができたとすれば、そのロボット義手は人間の腕とみなしていいだろう。そして、それは同時に、ロボット義手を通して「腕」を完全に*モデリングできたことでもある。こうした自らをモデル化できる知能ゆえに人間は、「人間とは何か」を問い続けるようになったのかもしれない。

技術の歴史とは、人間の機能を機械に置き換えてきた歴史である。そして人間は、そのことをとおして「人間とは何か」ということを考えてきた。革新的な技術が発明されればいつも、それをもとに人間全体が置き換えられるかどうかを試してきた。

たとえば時計の技術が進んだスイスでは、その自動化の技術によって、オートマタと呼ばれる自動人形が作られた。一九世紀には、*ジョージ・モアによって蒸気機関で動く機械人間が考案された。近年の日本において、さまざまな人間型ロボットが開発されているのにも、同様の意味があるのだろう。

人間の機能の技術への置き換えは、人間をモデル化することによる人間理解であると同時に、消去法的な人間理解の方法でもある。技術によって置き換えられる部分には人間の本質がないと考える人は多いだろう。では、人間の身体をどんどん機械に置き換えていったとき、最後に人間の*コアのようなものが、果たして残っているのだろうか？

数百年前の社会では、手足が無かったり目が見えない者は、通常の人間社会に参加することが難しかった。普通の人間とはみなされず、差別されてきた。しかし今日では、手足が義手や義足でも、むろん普通の人間として人間社会に受け入れられる。ペースメーカーや除細動器を体内に植え込む手術も、人工臓器も通常の医療行為である。もはや肉体は、人間であることの条件から外れかかっているのである。だから技術による人間の機能の置き換えというのは、人間であることの条件から、生物としての人間固有のものを削《そ》ぎ落としながら、人間の定義を見定めようとする行為でもあるのだ。

＊モデリング＝ここでは、「モデル化すること」をいう。
＊ジョージ・モア＝カナダの発明家。
＊コア＝ものの中心となる部分。

(1) 傍線部①「技術による進化」はどのような特徴をもっているか。「人間」「遺伝子」という言葉を用いて、「という特徴。」につながるように、三十五字以内で説明せよ。

という特徴。

(2) 傍線部②「技術開発が止まったことは一部の例外を除いてほとんどない」とあるが、その理由として適切なものを次から二つ選び、記号で答えよ。

ア 新しい技術を開発して豊かな経済活動を生み出さない限り、人間は生き残ることができないから。

イ 新しい技術を開発できる能力をもった人間は、他者にとって魅力的な存在だと考えられるから。

ウ 新しい技術を入手して豊かな生活を送ることそのものが、人間にとっての生きる目的となるから。

エ 新しい技術を開発する過程で、人間とは何かという問いに対する答えを得られるから。

オ 新しい技術を追い求めることは、人間が世界を支配し続けるために必要不可欠だから。

（　・　）

(3) A・B に入る言葉の組み合わせとして最も適切なものを次から選び、記号で答えよ。

ア A だから　B しかし　　**イ** A そして　B つまり

ウ A そのため　B では　　**エ** A また　B ところが

（　）

(4) 傍線部③「人間の能力を技術に置き換えることは、人間をモデル化することにほかならない」といえるのはなぜか。「人間をモデル化する」とはどのようなことであるかを明らかにして、「技術を生み出すためには、」に続けて、六十字以内で説明せよ。

技術を生み出すためには、

(5) 本文の内容に合致するものとして最も適切なものを次から選び、記号で答えよ。

ア 人間は、技術によって身体の機能を拡張したことが原因となり、身体が本来もっていた高度な機能を失ってしまった。

イ 人間の本質がどこにあるかということを見定める過程において、生物的な人間らしさを技術に置き換えることは有用である。

ウ 技術による進化を遺伝子による進化以上に重要だと考えてきた人間は、技術の力によって世界を支配するようになった。

エ 人間の肉体が人間であることの条件ではなくなりつつある今、身体の技術への置き換えは積極的に進められるべきである。

（　）

10

数学　想像力の科学

瀬山　士郎

解答→別冊45ページ

● 次の文章を読んで、あとの問いに答えよ。なお、設問の都合により原文の一部を変更し、段落に1～9の番号を付した。
〔高崎経済大—改〕

1　『おもひでぽろぽろ』（岡本螢《ほたる》作、刀根夕子絵、青林堂）という名作漫画があります。アニメーション映画にもなったのでご存じの方も多いでしょう。その中で、主人公の妙子《たえこ》ちゃんが分数のわり算がどうしても分からずべそをかくシーンが出てきます。妙子ちゃんは2/3 ÷ 1/4という計算ができません。一生懸命教えていた姉のヤエ子さんはとうとうカンシャクを起こして「ひっくり返してかければいいだけじゃないの！　学校でそう教わったでしょ」といいます。妙子ちゃんはヤエ子さんに尋ねます。「分数を分数でわるってどういうこと？」とたんにドキッとするヤエ子さん。じつはヤエ子さんにもそれが分かっていないようなのです。「かけ算は分子分母そのまま、わり算はひっくり返すっておぼえればいいのッ」と押さえつけようとするヤエ子さん。一人で考え込んだ妙子さんは「だって、2/3個のリンゴを1/4で割るなんて……どういうことかぜーんぜん想像できないんだもの」とつぶやくのです。

2　私は、このシーンは数学の理解にとって象徴的な場面だと思います。分数のわり算はひっくり返してかければいい、計算それ自体は妙子ちゃんにとってもそんなに難しいことではなかったでしょう。

$$\frac{2}{3} \div \frac{1}{4} = \frac{2}{3} \times \frac{4}{1} = \frac{8}{3} = 2\frac{2}{3}$$

が形式的な計算です。

3　ですが、妙子ちゃんが疑問に思い引っかかっていたのは、この形式的な計算手続きではない。そうではなくてまさしく、この計算手続きは何を意味しているのか、わり算ってどんな計算なのか？ということだったのです。整数でわるだけなら、何等分するという考えで意味がつきますが、分数でわるとなると、①「何等分かするとは1あたり量を求めることだ」を理解する必要があります。妙子ちゃんが「ぜーんぜん想像できな」かったことを想像するためには、わり算についてのもう一つ上の想像力を必要としたのでした。そしてその想像力はわり算の意味を考えることから生まれるものだったのです。

4　数学は形式を駆使する学問です。数学にとって形式という仕組みはなくてはならないものです。そして、数学の形式の一番大きな特徴は、論理という歯車によって動かされることです。その論理は基本的にはいわゆる演繹論理、三段論法と呼ばれる論理で、

AならばB、BならばC、したがってAならばCである

です。もちろん、三段論法は積み重なることで、五段論法にも十段論法にもなります。演繹論理は論理の歯車を廻《まわ》す潤滑油のようなもので、この論

理の使い方を学ぶことは数学にとってとても大切です。三段論法を繰り返し用いると、疑問の余地のない筋道が通った説明ができます。

5 数式の計算とは②記号化された演繹論理の連鎖なのだ、と考えることもできます。その意味では、小学生でも算数の計算で数学の論理の骨格を学んでいるのです。中学生になると、代数計算に加えて平面幾何学の論証で直接に論理を学びます。中学生が学ぶ平面幾何学の論証は完全には記号化されず、数学記号交じりの日本語で表現されるのが普通ですが、こうして、演繹論理の大切さは、数学だけでなく日常生活の中での論理としても多くの人の共通感覚となっていきます。

〈中略〉

6 数学の面白さの源泉とはなんだろうか。もちろん、さまざまな問題を考えて結論に到達することです。その結論が興味深いもので、かつ、その解答に至る証明が今まで誰も考えていないものだったら、専門の数学者はそれを論文として発表し、多くの数学者によってその正しさが検証されます。検証の過程では〈中略〉、論理がとても大切な役割を果たすはずです。論理的な誤りがあれば、残念ながら証明は間違いです。ところで、子どもたちが出会う証明問題はすでに結論が正しいことは分かっていますから、そこでは正しい結論に向けて、出発点(仮定)からどのように論理の連鎖を紡いでいくのかが問題となります。［　　］、専門の数学者は、正しい結論に向けて論理をつなげて行くわけではありません。では、数学者たちはやみくもに論理を操り、そこで到達した結論を定理として発表しているのでしょうか。もちろんそうではありません。

7 ここに問題の核心があるのです。数学者は正しい結論に向けて論理を操っているのではない、そうではなくて、数学者は自分が正しいと確信している結論に向けて論理を操っています。自分には正しいと「分かって」いる結論を、連鎖の鎖ですでに正しいことが証明されている知識と結びつけようとしています。数学者にはどうしてその結論が正しいと「分かって」いるのでしょうか。

8 それまでの数学的経験と学んできた数学の知識を土台にした想像力が、その結論が正しいことは間違いがないと数学者個人に告げています。彼や彼女はその結論が正しいことを演繹論理による証明を通して知っているわけではありません。演繹論理で証明された判断を合理的判断というなら、証明以前の数学者の判断は合理的判断ではありません。そうではなく、その結論が正しいことを想像力を通して知っているという意味で、数学者の判断は直感的判断です。数学の新しい発見の原動力は想像力にこそあると思います。数学の面白さは、それまでの経験や知識の枠組みを超えて、想像力で新しい定理、つまり数学者にとって正しいと確信できる事実を発見し、それが正しいことを証明していくこと、そして、その過程において、今までとは違った新しい証明方法を開拓していくことなのです。想像力こそが数学の創造力の源泉なのです。［ⓐ］を［ⓑ］に変えていくことです。

9 こう考えると③数学者の行為は古典的探偵小説の探偵の役割に似ています。探偵は演繹論理で犯人を捜し出すわけではありません。彼の直感的推理が疑わしいと告げる人物がほんとうに真犯人であることを合理的判断に結びつけて証明しているのです。数学者はこうして名探偵になるのです。あるいは名探偵は数学者になるのでしょう。

(1) 本文は内容上大きく三つの意味段落に分けることができる。このうち、二番目、三番目の意味段落はそれぞれ第何段落から始まるか、本文に付した段落番号で答えよ。

二番目（　　）　三番目（　　）

(2) 傍線部①「何等分かするとは1あたり量を求めること」とあるが、これは何を説明したものか。文中から十字以内で抜き出して書け。

(3) 傍線部②「記号化された演繹論理の連鎖」とはどういうことか。「数学記号を用いて、」に続けて、二十五字以内で説明せよ。

数学記号を用いて、

(4) □に入る最も適切な言葉を次から選び、記号で答えよ。

ア しかし　**イ** ところで　**ウ** だから　**エ** さもなくば

（　　）

(5) ⓐ・ⓑに入る最も適切な言葉を文中からそれぞれ五字で抜き出して書け。

ⓐ

ⓑ

(6) 傍線部③「数学者の行為は古典的探偵小説の探偵の役割に似ています」とあるが、このようにいえるのはなぜか。五十字以内で説明せよ。

(7) 筆者の主張として最も適切なものを次から選び、記号で答えよ。

ア 数学の面白さは、発見された新しい定理の正しさを検証していく中で、それが誤りだという証拠を見つけていくところにある。

イ 数学の面白さは、それまでの数学的経験と知識を土台にした想像力によって、新しい定理を発見し、証明していくところにある。

ウ 数学の面白さは、自分には正しいと感じられる新しい定理を、論理をねじ曲げてでも確かなものであると主張するところにある。

エ 数学の面白さは、子どもの頃から学んできた論理的なものの見方の重要性を、より多くの人に伝えることができるところにある。

（　　）

11

現代思想講義

船木　亨

解答→別冊49ページ

次の文章を読んで、あとの問いに答えよ。なお、設問の都合により、原文の一部を変更した。

〔高知工科大―改〕

*AIは判断を創出しているのではなく、ひとびとのあらゆる判断を、ひとが感覚できないものまでのさまざまなデータを含め、〈中略〉ネット上の*クラウドを介して繋《つな》がりあって、ひとが記憶できないほどの大量のデータ（ビッグデータ）を用いてシミュレートするだけである。

正しい判断をするのではなく、正しいとされた判断をさらにデータとしてインプットして、正しいとされる判断の確率を上げていくだけだ。AI*スマートロボットがギャグをいうにしても、それは世界中のひとたちの笑いの反応をクラウドを通じてフィードバックしているからであって、①それらにとってはちっともおかしなことではないのである。

AIにとって、人間は光学センサーの眼《め》のまえにいるのではなく、クラウド（群衆）という靄《もや》のなかにいて、クラウド上のデータのなかから抽出される統計的存在者でしかない。正しさを判断するのはどこまでいっても人間であり、そもそも「正しさ」は人間にとってのものでしかない。機械にとっての正しさは、精確に作動すること、*バグがないことでしかないのだ。誤りも、ただ訂正すべきデータにすぎず、それらにとっては、恥ずべきことなのではない。

［A］、もしAIにありとあらゆる判断を任せてしまうとしたら、それは確かに何らかの判断を示すだろうし、その判断は、いずれにせよ多くのひとが納得する妥当な判断ではあるだろうが、しかし、そこに「未来」はない。

未来とは、現在よりもよい状態になっているはずの、これから先のある時点のことである。単に時間の未来ということであれば、いつの時代にも未来はあるが、それはひとが期待して、それに向かって努力しようとする「未来」ではない。②AIの説く未来は、現在の延長でしかない。

AIの前提する未来においては、ただ時だけが刻一刻と経《た》ち、暦がその数を積み上げていく。それは、時間測定法における未来であって、われわれの「未来」ではない。そこに夢や希望はない。未来という語が夢や希望という語と相重なっていた時代が終わり、未来という語で、せいぜい似たような要素がくり返し姿を現《あら》わす退屈な現在か、あるいはいたるところ、現在の廃墟《はいきょ》としての、破滅と悲惨とが組み込まれた疑似過去が待ち受けるばかりとなる。

AIの判断は、〈中略〉過去に起こったことを未来に引き伸ばして予想する、その推測を詳細に徹底したものである。ルールがあって条件の変化しないものに対しては最強であるが、あり得ないことに挑戦するとか、いつもと違ったことをやってみるという判断は、そこにはない。［B］、そうした異例のことをなそうとする判断の向こうにこそ、人間の考える「未来」がある。

ルーティーン化した業務における判断に対し、その判断の帰結から生じる悲劇についての感性こそが、人間の判断を賦活して、いつもとは異なった判断へとひとを差し向ける。夢や希望という名のもとに、明確なイメージがないとしても、ひとはそれぞれに「未来」に向けて判断しており、その場合の「課題の解決」だけを考えているわけではないのである。

AIが普及するということは、社会におけるさまざまな業務の運営が自動化され、人間からするとすべてが成りゆきまかせで何とかなるようになるということである。そこには、判断に意義を与えてきた「未来」を考える人間がいなくなってしまう。

だから、わたしがAIに心配するのは、AIが人類を未来の消失から救ってくれそうもないということなのだ。むしろ、それに加担する装置なのではないかということだ。

従来ひとびとが抵抗してきたのは、勝手な、あるいは間違った判断をする政治権力に対してであった。だが、そうした、責任が追及されるべき権力も、AI機械が入り込んで、きっと淡泊なものになってしまうだろう。その結果として起こる事故や不祥事や争いは、一人ひとりが受忍するものでしかなくなってしまうだろう。状況をよりよいものへと改善したり、理想社会に向かおうとすることなど、だれも思いつけなくなってしまうだろう。

近代(モダン)にこそ、「未来」があった。歴史の発展段階があると前提されていたからである。「つぎの時代」があると前提されていたからである。

今日、「未来」がないのは、社会が悪いから、悲観的材料しかないからではない。AIが出現したからでもない。逆に、③AIが普及し得る社会が到来したから、AIが出現した。

すなわち、それがポストモダン社会である。ポストモダンとは、近代が終わったということである。近代が終わったということは、〈中略〉「未来」がなくなったというそのことなのである。

なぜポストモダンになったのかとか、どうやったらまた近代のようになるのかとか、尋ねてみたいひともいるだろう。だが、モダンという「進歩する歴史」の時代を支えた人間の意識が摩耗してしまったというだけのことなのだ。ひとびとはただ、そのような意識が虚《むな》しいと知ってしまった。人間が歴史の主人公ではないということを知ってしまった。モダンの神話が消えて、西欧文明の価値が暴落した、ということなのだ。〈中略〉

AIが普及しつつあること自体は「未来」なのではないか、と思うひともいるかもしれない。便利で楽な社会である。しかし、その普及は人類の進歩ではない。人間が歴史の主役の座から降りるのだから。

AI、およびそれを活用した機械とロボットとネットの普及は、そのような意味での「未来」ではない。未来ではないということは、成りゆきまかせということだ——どうなるかは、やってみなければ分からない、ということだ。

数十年後にははっきりしてくるだろうが、新しい環境のなかで、人間性も変わるだろう。だから、そうしたことを嘆くひともいなくなっているに違いない。

管理社会になるといって反発しているひとも、プライバシーが失われると気にしているひとも、機械の方が人間より優れていることに憤りを感じているひとも、自分が担当すべきだった仕事をいつのまにか機械がしていることに気づくひとも、すべていなくなってしまっているだろう。われわれはそれほど悪いことをしたつもりではなかったのに。

いまだからこんな話ができる。というのも、「確かに何か変だ」と感じるひとたちが、まだ大勢いるだろうからである。とはいえ、パソコンのディスプレイが少しずつ汚れていって色が薄くなってしまっていて、ある日ふと拭いてみたら、驚くほど鮮やかな色になったというようなことが、おそらく数十年のあいだに起こるのだし、しかし④そのときは、だれも自分の社会認識のディスプレイを拭いてみようなどとは、思いつきもしないのだ。

　人間が減っていき、その分、それを埋めあわせるかのようにＡＩとロボットが普及していく。そうした事態が受《う》け容《い》れられつつあるということだ。つまり、ＡＩが普及する理由は、ひとにやらせるよりも効率がよいという点にある。ロボットが普及する理由は、その仕事が人間にできても、人件費よりも安価にできるからである。ＡＩは、ひとをパラダイスに住まわせるためにではなく、結果的には、ひとをこの平凡な惑星から放逐するために普及させられていく。〈中略〉

　つまり、現代の最大の問題は、いま起こりつつある人間性の危機に対して、ＡＩがまったく役に立たないということであり、かえって危機に対処する人間を減らしていくだろうということである。それなのに、ひとびとはＡＩに頼ろうとしているのだ。

　ＡＩの普及は人類の素晴らしい未来を作るのではなく、人類の「未来」を、未来という概念もろともに奪い去る。ひとは、過去に向けて「なぜこうなったか」という問いを抱くであろうか、あるいは未来に向けて「ＡＩによってどうなるのか」と問うであろうか――もしかして、それをＡＩに問うのであろうか。

　しかし、歴史に因果性はない。「あることをしたら、その結果がこうなる」という必然的連関はない。なるほど別のことをしたら別のようになったという可能性はある。だからといって、そのことが、その後の結果の「原因」なのではない。

　歴史はすべて偶然だといいたいのではない。歴史は総体的に推移する。現われる現象は、どんなに違うジャンルでも、その総体的推移の結果なのであり、それらがみなおなじひとつの方向を指しているように捉えなおされる現象である。歴史の原因よりも、その推移のなかで、ひとびとの感性や発想が次第に変化していくのを理解することが重要なのである。

＊ＡＩ＝人工知能。
＊クラウド＝インターネット上のさまざまなハードウェアやソフトウェアの資源をクラウド（雲）として捉えたもの。ユーザーはそうしたサーバー群の存在を意識することなく、さまざまな処理をサービスとして利用することができる。（『コトバンク』に基づく。）
＊スマートロボット＝インターネットにつながれたロボット。
＊バグ＝プログラム中に含まれた誤り。

(1) 傍線部①「それらにとってはちっともおかしなことではない」とあるが、その理由として適切なものを次からすべて選び、記号で答えよ。

ア ＡＩは、シミュレートを繰り返すなかで、ギャグが人間に「おかしい」と感じられる可能性を高めているだけだから。
イ ＡＩは、どのようなものを人間が「おかしい」と感じるかを自発的に考えて、前例のないギャグを生み出しているから。
ウ ＡＩは、世界中のひとに喜んでもらうために、自分が「おかしい」と感じるかを度外視してギャグをいっているから。
エ ＡＩは、これまでの人間の反応の蓄積をもとに「おかしい」と感じられそうなギャグを出力しているだけだから。
オ ＡＩは、人間が考えるよりもはるかに簡単に「おかしい」と感じられるギャグを生み出すことができるから。

（　　　）

(2) [A]・[B]に入る言葉の組み合わせとして最も適切なものを次から選び、記号で答えよ。

ア A したがって　B ところが
イ A なぜなら　B しかし
ウ A ゆえに　B では
エ A その上　B だが

（　　　）

(3) 傍線部②「AＩの説く未来は、現在の延長でしかない」とあるが、「ひと」にとっての「未来」と「AＩの説く未来」はどのように異なるのか。それを説明した次の文の ⓐ ・ ⓑ に入る適切な言葉を、 ⓐ は三十字以内、 ⓑ は二十字以内でそれぞれ書け。

ひとにとっての未来は ⓐ だが、AＩの説く未来は ⓑ である。

ⓐ

ⓑ

(4) 傍線部③「AＩが普及し得る社会」とあるが、どのような社会か。五十字以内で説明せよ。

(5) 傍線部④「そのときは、……思いつきもしない」とあるが、筆者が言おうとしているのはどのようなことか。「人間性」という言葉を用いて六十五字以内で説明せよ。

(6) 筆者の主張として最も適切なものを次から選び、記号で答えよ。

ア AＩやロボットが普及することにより、人間は自分がすべきだった仕事を奪われてしまう。そうした人々の不満を解消しない限り、AＩは人間にとって未来を失わせる以上の存在にはなり得ない。因果性も必然的連関もない歴史を振り返ることによって人々の感性や発想を転換させ、AＩと人間が共存する社会を目指すべきである。

イ 人間はこれまで、その感性によって判断を活発化し、通常と異なる判断を行うことで未来を切り開いてきた。昨今普及しているAＩは、人間以上に正確な判断を行えるため、人間が想定するような未来を与えてはくれない。ポストモダン社会におけるAＩの活用については、慎重に検討する必要がある。

ウ AＩが普及するということは、人間が未来について考えることがなくなるということであり、それでは人間らしい「未来」が失われてしまう。AＩは人間性の危機に対して役立たない上、危機に立ち向かう人間も減らしてしまう。歴史の総体的な推移のなかでの人間の感性や発想の変化を理解することが重要である。

エ 大量のデータによるシミュレートという形でしか判断のできないAＩに判断を任せてしまうと、人間は人間らしい未来を失うことになる。しかし、現在以上にAＩが普及すればそういった懸念は解消され、人間は再び近代のように「つぎの時代」に期待しながら明るい未来を夢見ることができるようになる。

（　　）

12 近代科学を超えて

村上　陽一郎

解答⊕別冊55ページ

次の文章を読んで、あとの問いに答えよ。なお、設問の都合により、原文の一部を変更した。

〔法政大―改〕

自然科学といえども、単に「事実」や「データ」がありさえすればそれでよいというわけにはいかない。しかし、それでは、データと理論との間には何が介在するのであろうか。それを価値もしくは意味の問題に絞って考えていくことにする。

自然科学は、人文科学や社会科学と違って人間の価値判断から解放されているという特徴をもっている。自然科学では、扱われる対象としての事実群が観測者たるわれわれに冷厳に強制することがらだけを、われわれが受け取り、それを処理すればよいのであって、たとえば歴史を編む場合のように、事実の認識や選択に、人間の主観の操作が入り込む余地はない。このような①自然科学のもつ「没価値性」こそが、今日自然科学の、全地球的な普及、つまりは歴史的な時間と空間を超越した全面的な普遍性の基盤となるものなのだ。

自然科学の特性を語る場合に、価値の問題が絡むと、つねにこの種の議論が現れる。これほど素朴な形はとらないとしても、科学と価値を巡る議論のおおむねの骨子は、科学の「客観性」を「没価値性」に重ね合わせることが多く、それを出発点として、さまざまなバリエーションが出てくることになる。

一つの例を引いてみよう。一九六八年六月のある日の『ニューヨーク・タイムズ』は、*ガリレオ裁判事件に関して、現在カトリック教会の権威筋がその再検討を考慮し、ガリレオの復権を目ざして活動に入っていることを報じ、オーストリアのコーニック*枢機卿《すうききょう》がノーベル賞受賞者の晩餐会《ばんさんかい》の席上でこの件について語った談話の一部を紹介している。

コーニック枢機卿は、ガリレオ事件が、科学と宗教の問題を真面目に取り扱おうとする人々にとって、苦渋に満ちたものとなっていることを率直に認め、とりわけ教会が、精神・思想の自由と、偏見を乗り超えた正義とを主張しようとする第二バチカン公会議の精神にのっとるとき、ガリレオ事件は、あらゆる制限を撤廃して、自由に、徹底的に解明しなければならないし、そうすることが、信仰者の正しさを究極的に立証するための一つの機会ともなる、と主張する。

そして、科学と宗教との協力関係を樹立するという面に焦点を絞ったとき、今日の神学は、「本質的な神の啓示」による知識と、「哲学的な思索」による知識と、「現実を無私の心で眺めたときに得られる素朴な知識」の三者を、ガリレオ時代よりもはるかに鋭く峻別《しゅんべつ》し、これを混同しないという出発点から、問題を解明しようとしている、とコーニック枢機卿は指摘する。〈中略〉

察するところコーニック枢機卿は、第三番目の知識カテゴリー、すなわち「現実を無私の心で眺めたときに得られる素朴な知識」と、自然科学の知識とを等置して考えていると思われる。そうした考え方のなかには、「現実」はユニークであり、それを「無私の心」つまりあらゆる先入観や偏見から解放されてひたすら虚心坦懐に眺めたときには、自ら《おのずか》一なる「現実」の姿が、だれの眼《め》にも一様に映じ、誰にもそれを「素直に」理解することができるはずである、とする強い確信がある。

［X］

更《あらた》めて論ずるまでもなく、近代は、神学から哲学が分離し、哲学から自然科学が分離したうえで、それぞれが、お互いの守備範囲を確認し、相手の守備範囲を侵害しないという不可侵条約を締結した時代であったと言ってよかろう。そして、*ブルーノや、ガリレオや、その他「科学と宗教の闘争史」を飾る数々の事件は、そうした不可侵条約が結ばれる以前の、不幸な相互の権利の侵害によって惹《ひ》き起《お》こされたものであり、そうした不幸な事件を克服するためにこそ、お互いに守備範囲を遵守することがもとめられた、という歴史的事情が、一方に存在するのはたしかであろう。

そのとき、科学の守備範囲は、「現実」との素朴な接触によって得られる「客観的な」事実の世界のみに限られる。一方、哲学的な構築は、そうした事実群から成立している自然科学的な世界のうえに、主観的な作業によって築き上げられるという②知識のヒエラルキーが存在することになる。そして最後に神の啓示は、前二者のような「人間的な」種類の知識とは別の源泉から、別の方法によって、人間存在の深奥をうつものとして措定されるわけである。

啓示の問題については、ここで論ずるのを控えよう。だが、コーニック枢機卿の言うごとく、客観的世界と主観的世界とを、近代がこのように弁別したことによって、科学と哲学の両者は、その守備範囲のなかにいる限り、お互いにわずらわされずに、独自に発展・展開することができると考えられたのであり、いわば、科学、哲学、神学は、中世における③三者の一体的状況を脱却して、それぞれが、専門化、独立化の途《みち》をたどることになったと言えよう。

このような図式のなかでとらえられる場合、自然科学の扱う世界、またそれによって構築される世界が、すべての偏見や先入観や価値観から［A］、無色透明の、中立の……つまり一言で言えば「没価値」的な性格をもっていることは、ほとんど必然的になってしまうはずである。

たしかに、その三種の知識を区別して、それぞれの範囲のなかで、閉鎖的な自律性を保たせ、［ⓐ］、科学的知識のカテゴリーに「客観性」という特性を与えて他と区別することのもつある意味での妥当性を、私も否定はしない。その妥当性とは、いわば「機能的な」観点からの、という但し書きの付いた妥当性と考えてよいだろう。

［ⓑ］、そうすることによって、科学的知識を、すべての価値の問題から切り離し得た、と考えるとすれば、それは、話を「機能的な」議論に限定している場合はともかく、「本質的」には大きな錯覚ではなかったであろうか。

自然科学が相手にしている「事実」なるものが、［B］「現実」からの情報として人間ならだれでもが、正しい見方をすれば得ることのできるものである、という素朴な思い込みについては、すでにその誤りをある程度明らかにすることができた。

第一に、歴史的な時間と空間との制限・規定を受けない抽象的、普遍的な「人間一般」という概念は、少なくとも知識の担い手の身分を論ずるに当《あ》たっては、まったく無意味ではないか、という論点がある。かりに、自然が人間に見せる姿・相貌は、ユニークであるとしても、それを「見る」人間が、歴史的時間と空間とを越えて普遍かつ不変であることは不可能である。

*④プトレマイオスの地球中心説と*コペルニクスの太陽中心説を構築するた

めの「事実」群は、少なくともコペルニクスが自説を展開した段階では、まったく同じであったといってよい。いや、この言い方はやはり正確ではない。明らかにまったく同じ「事実」群から、まったく異なった理論体系が生まれるはずがない。ただ、ここで両者の出発点となる「事実」群が同じだ、と言うのは「事実」が[C]的で、客観的なものだ、という前提を逆手にとったうえでの表現であることに気を付けて欲しい。つまり、客観的に「事実」は一つである、という解釈に立てば、プトレマイオスの地球中心説も、コペルニクスの太陽中心説も、ともに、まったく同じ「事実」群から出発している、と言うことができるのだ。

　コペルニクスは、プトレマイオスの手にしていた「事実」群以上に、太陽中心説を決定的に有利に導くことができるような、新しい「事実」を利用して、太陽中心説を提案したわけではなかった。言い方を換えてみれば、コペルニクス当時知られていた天文学上の「事実」群は、プトレマイオス説によっても、コペルニクス説によっても、まったく同じ程度に十全に、説明することができたのである。

　たとえば、地球の公転を裏書きするための決定的な「事実」の一つと普通考えられている恒星の*年周視差が、望遠鏡で観測されたのは一八三八年が最初である。わずらわしいが、多少数値にまで立ち入ってみれば、こうした恒星の最大年周視差（つまり、地球から最短距離にある太陽以外の恒星についての年周視差）は、約二五〇〇分の一ほどであり、一方人間の眼が最高の条件下に識別可能な最小の角度差は、約二五分の一度と言われている。一八三八年に、恒星の年周視差が、望遠鏡の助けを借りて発見できたのは、明らかに、地動説という前提が先にあって、そこからの演えきによって、視差が見つかるはずである、という確信に導かれたからであって、当然のことながら、年周視差が発見されたために、地動説（太陽中心説）が生《うま》れたのではない。先にふれた数値から判断すれば、恒星の年周視差は、観測された事実とさえ呼べないほど、言ってみれば「無理強い」に観測した事実なのであった。

　この一事をもってしても、コペルニクス的転換の原動力は、データそのものにはなかったことが明らかである。要するにユニークであるはずの自然（「現実」）から人間が読み取った情報が、実はプトレマイオスとコペルニクスとで異なっていた、というところに問題の核心があるのであり、情報は、歴史的な時間と空間とに制約された人間存在に依拠して変化する、と解釈してはじめて、こうした現象は説明できるであろう。その意味で、地球中心説を構築していた「事実」群と、太陽中心説を造り上げていた「事実」群とは、客観説に従えば同じであったにもかかわらず、[ⓒ]、はっきりと違っていたと言わざるを得ない。簡潔に言えば、すべての「事実」は、人間によって帰納力と演えき力との双方を備えたものとして把握されたときに、「事実」としての機能をもつことになるのであって、その帰納力と演えき力による双方向への「伸び」は、歴史的な時間と空間との関数関係によって流動するものと考えられる。

　それは、人間一般と自然一般などというものの間に、客観的にユニークな情報のやりとりなどあり得ないということの、一つのたとえにほかならない。しかし、それを言い立てたところで、まだ価値の問題に直接つながるわけではない。自然科学の扱う「事実」なるものについての常識的な基盤に一太刀浴《あび》せることができたからと言って、[ⓓ]自然科学の没価値性という神話も、一蓮托生《いちれんたくしょう》に破綻するかどうかは自明ではないからである。

＊ガリレオ裁判事件＝イタリアの天文学者・物理学者のガリレオ＝ガリレイが、地動説（太陽中心説）を支持したことで異端者とされ、宗教裁判にかけられたこと。
＊枢機卿＝カトリック教会において、ローマ教皇に次ぐ高位の聖職者。
＊ブルーノ＝イタリアの哲学者。異端者として投獄され、火刑に処された。
＊プトレマイオス＝ギリシアの天文学者。天動説（地球中心説）を完成させた。

＊コペルニクス＝ポーランドの天文学者・聖職者。地動説（太陽中心説）を提唱した。
＊年周視差＝地球が太陽の周りを公転運動しているため、一年を周期として恒星の方角が変化する現象、またはその変化の大きさのこと。

(1) 傍線部①「自然科学のもつ『没価値性』」とはどのような特性か。「主観」「客観」という言葉を用いて三十五字以内で説明せよ。

(2) X に入る最も適切な文を次から選び、記号で答えよ。
ア この確信、信念が、自然科学の没価値性を神話化してきたのである。
イ この確信、信念は、今では時代遅れに感じられる。
ウ この確信、信念は、知識のヒエラルキーについての無理解に基づいている。
エ この確信、信念は、まさしく近代に特有のものである。
オ この確信、信念が、自然科学によるおごりや権利侵害を招くのである。
（　）

(3) 傍線部②「知識のヒエラルキーが存在することになる」のはなぜか。六十五字以内で説明せよ。

(4) 傍線部③「三者の一体的状況」とはどのような状況か。四十字以内で説明せよ。

(5) A ～ C に入る最も適切な言葉をそれぞれ次から一つずつ選び、記号で答えよ。
A **ア** 形作られた　**イ** 出発した　**ウ** 等距離にある　**エ** 自由な　**オ** 一歩進んだ
B **ア** ユニークな　**イ** ありふれた　**ウ** かけがえのない　**エ** 意味を備えた　**オ** 不変の
C **ア** 機能　**イ** 本質　**ウ** 演えき　**エ** 哲学　**オ** 中立
A（　）B（　）C（　）

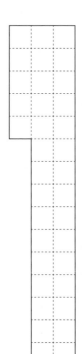

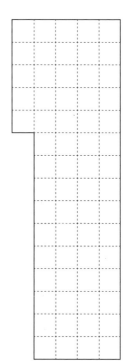

(6) ⓐ～ⓓに入る最も適切な言葉をそれぞれ次から一つずつ選び、記号で答えよ。

ⓐ ア 翻って　イ なかんずく　ウ あまつさえ　エ 逆に言えば　オ いきおい
ⓑ ア つまり　イ たとえば　ウ もちろん　エ たしかに　オ だが
ⓒ ア やはり　イ ますます　ウ とりわけ　エ いかにも　オ さすがに
ⓓ ア ましてや　イ つまりは　ウ さらには　エ はたして　オ かくして

ⓐ（　）ⓑ（　）ⓒ（　）ⓓ（　）

(7) 傍線部④「プトレマイオスの」から始まる三つの段落で述べられている内容として最も適切なものを次から選び、記号で答えよ。

ア コペルニクスの時代の歴史を編もうとすれば、事実の認識に主観の操作が入らざるをえない。
イ コペルニクスの時代の科学者たちにとって、先入観をもたずに自然を理解することは難しかった。
ウ 事実を精密に観測する方法がない時代でも、コペルニクスのような人物がいれば自然科学の理論は発展する。
エ コペルニクスが太陽中心説を提唱したことをきっかけに、近代の自然科学は強引に事実を観測するものになった。
オ 太陽中心説を裏書きする事実とされているものは、実は、太陽中心説に導かれて発見された。

（　）

(8) 本文の内容に合致するものとして最も適切なものを次から選び、記号で答えよ。

ア 神学から自然科学が分離した現在、神学が自然科学の守備範囲を侵害してきた不幸な歴史を徹底的に解明しなければならない。
イ 時代や地域によって観測する人間が異なっても正しく自然を観測すれば誰でも同じ事実を得られる、と考えるのは誤りである。
ウ 自然科学の知識を他の知識から区別するとき、客観的な知識という基準によって区別してはならない。
エ 自然科学の理論さえも没価値的とは言えない第一の理由は、その基礎となるデータが必ずしも客観的とは言えないからである。
オ これまでの自然科学の理論の誤りは、人間がもつ帰納力や演えき力に限界があるために生じた。

（　）

13 はじめての構造主義

橋爪　大三郎

解答→別冊61ページ

次の文章を読んで、あとの問いに答えよ。なお、設問の都合により、原文の一部を変更した。

遠近法とは、なんだろう?

遠くにあるものを小さく、近くにあるものは大きく描く。そんないみでの遠近法なら、ほとんどの絵が、使っているだろう。それが、眼《め》の自然にかなっている。

こういうのを、「素朴遠近法」という。素朴遠近法は、絵が絵であるために不可欠の、最低限の条件みたいなものだ。もっとちゃんとした、本格的な遠近法(厳密遠近法)と混同してはいけない。

でもまあ、素朴なかたちであろうと、なぜなんらかの遠近法が絵に欠かせないのか。それは、①絵画というものの本質に関わっている。

われわれの住む世界は、三次元である。幅と高さと、奥行きがある。それに対して、絵画は、二次元の平面である。この上に、三次元の空間をうつしとらなければならない。こんなことはもともと、無理な注文なのだ。

そこで当然、絵にはウソが含まれることになる。最大のウソは、絵に描いてあるものが「何かにみえる」ということだ。絵の材料は、絵の具にしろインクや鉛筆にしろ、絵に描かれる実物と似ていない。しかしそれが、いったん画面のなかにうまく並ぶと、もう絵の具やインクの線にはみえなくて、それではないもの(たとえば、ヒマワリや糸杉や)にみえる。幅も高さも奥行きもある、あの実物(を描いたもの)のようにみえてしまうのだ。

しかし、どんなにうまい、本物そっくりの絵でも、実物ととりちがえてしまうことはない。誰にでも、絵を見ているという意識はある。つまり、絵のなかの像(二次元)を実物(三次元)のことだなと思って(対応をつけて)いるのである。何々が描いてあるな、とわかったときに、われわれはもうこういう解釈を行《おこ》なっている。

〈中略〉

素朴遠近法は、だいたい視覚をなぞるのだが、網膜の像を忠実に再現するわけではない。大事なものは大きく、そうでないものは小さく描くという、別の論理もはたらくからである。

小さな子の描いた人物画を見ると、顔がとても大きくて、手もあって、胴体などは省略されてしまっているのが多い。子供がどこに注目し、関心をもっているかがわかる。同じようなことは、おとなの描く絵にもある。そのせいで、伝統的な絵画ではたいてい、(厳密な)遠近法が乱されている。

中国やインドの、洗練された写実的な絵画では、さすがにこういうことは少ないが、それでも遠近法は、あまり発達しなかった。厳密な遠近法を画面の上に実現するのは、幾何学的な準備がいるし、そのための道具も揃《そろ》えなければならない。それが容易でないというのが、ひとつの理由である。そうまでして、遠近法にこだわる動機がなかったこと、これがもうひとつの、もっと大きな理由である。

〈中略〉

ものの見方として、遠近法がどういういみをもつか、まず考えてみよう。

いろいろな物体がならんでいる空間を、世界ということにする。世界がどんなふうにみえるか（色や形）は、いつ（時間）どこ（場所）からそれを視《み》るか、に左右される。だから、世界をみえる通りに描こうとすると、どうしても、描く自分の置かれている時間と場所を、はっきり意識しないわけにはいかない。といっても、一瞬のうちに絵を描くことはできないから、時間のほうは適当にごまかすとして、せめて場所だけは、しっかり一点に固定しておく。（眼が二つあって具合わるいようなら、片眼をつぶること。）

〈中略〉

視点を固定し、描こうと思うものとの間に、透明なスクリーンを立てる。スクリーンには、目印のため、方眼を入れておこう。別に、同様な方眼を入れた画用紙などを用意する。それから、視点から物体の各部分にのびる視線（直線）が、スクリーンのどこを横切るか、チェックする。その場所を、画用紙に写しとって、つないでゆくと、物体の見える通りの像が現れる……。

写真の「写」の字もなかった時代に、ここまでやればご立派、と言うほかない。

このようにすると、この世界の物体なら何でも、「見える通りに」描くことができる。（ただし物体が、あまり速く動いていなければ。）また、反対に、それがいつ、どこから視た像なのか、ということもわかる。視点は画面に描きこまれていないとしても、画面の構図そのものが視点の存在を指し示している。世界をそんなふうに視ることのできる視点は、この世界にたったひとつしかないからだ。

視点とは、この世界を視ることを自覚した、人間の視点だ。②「視る主体」の誕生、と言ってもいい。世界は、物体《オブジェクト》（＝客体＝客観）の集まりである。それ以外のもの（神や霊魂）は、どこにも見つからない（のではないか）。そして、世界を視るのは、私だ。私は、視る主体《サブジェクト》（＝主観）である。いちおうこの世界の物体ではあるが、特権的な物体、つまり、他の物体を視ることのできる物体である。私の描く画面。それは、私から見て世界がこのようだ、という証言になる。視る主体は、世界のなかのものを何でも視て歩くことができる。視る主体にただひとつ不可能なことがあるとすれば、それは、視る主体を視ることだ。（練習問題。鏡に映る自分の姿を自画像に描いた場合、視る主体を絵に描いたことになるかどうか。）

主体（subject）とはもともと、「神の下にあるもの」「臣下」といういみだったらしい。ところがルネッサンス頃になると、人文主義の影響で、人間もだんだん生意気になってきて、地上の主人みたいにふるまうようになった。そこで、主体といえば、「客体を自由にする主人」みたいな、積極的・能動的な意味になったようである。

遠近法はじつに合理的な絵の描き方だ。自信にあふれた市民階級の、ものの見方を、反映している。それは、[A]である。これを使えば、誰だろうと、世界の正確で客観的な像を手に入れることができる。しかも、[B]である。二度と同じ絵が描かれる心配はない。描いた人間が違えば、視点（時間と場所）が違っているはずだし、描く対象も、構図も、違っているはずだ。

その程度じゃ、個性とは言えない。遠近法の描き方じゃ、個性もなにもなくなるではないか、と言うなかれ。そういう心配もわかるが、個性のなんのと言えるのは、まず世界の客観的な描き方が確立したあとだ、と強調しておこう。遠近法どおりに描けるところを、ちょっと大きめに描くと、特にその部分に関心を集めることができる。遠近法からの逸脱をとおして、個性や主観性をはかることもできる。

遠近法を貫く合理的態度は、（特に改革派の）宗教的な動機とも一脈通じるところがある。

中世の魔物や悪霊たちが退いていったあと、世界は物体の集まり以上のものでなくなった。デカルトが物体を「延長」としてとらえたように、そこに霊魂の宿る余地はない。③創造をすませた神は、この世界の外に引きあげてしまった。残された人間は、神の創造の秘密を探るため、解剖によって人体の内部に、顕微鏡によって微小な生命のなかに、望遠鏡によって天空のかなたにと、さまざまな視線を向ける。世界から神が立ち去ってしまったあと、人間は積極的に活動する義務がある。視る主体として、自分をこの世に存在させた、隠された神の計画をしるために。

遠近法によれば、ひとりひとりが別々の視点をもつ。そうである以上、めいめいが、世界のなかで、このように活動しなければばうそだ。それは、世界を、主体／客体の関係によってつかむことである。そして、つかんだ内容を、主語《サブジェクト》／目的語《オブジェクト》の関係によって整理することでもある。人びとがすっかり、こうした主／客図式に従うようになるのが、近代という時代。だとすると、遠近法の登場は、人びとのものの見方が、近代に向かって一歩大きく踏み出したことの現れだ、と言っていいだろう。

(1) 傍線部①「絵画というものの本質」とあるが、それはどのようなことか。「ウソ」という言葉を用いて、四十字以内で説明せよ。

(2) 傍線部②「『視る主体』の誕生」とあるが、「視る主体」はなぜ誕生したのか。次の文の□に入る適切な言葉を文中から三十五字以内で探し、初めと終わりの五字を抜き出して書け。

世界をみえる通りに描くうえで、□から。

□～□

(3) A・Bに入る最も適切な言葉をそれぞれ次から選び、記号で答えよ。

ア 懐疑的　イ 思弁的　ウ 一般的
エ 能動的　オ 個別的

A（　）B（　）

(4) 傍線部③「創造をすませた神は、この世界の外に引きあげてしまった」とあるが、どういうことか。「物体」「積極的」という言葉を用いて、六十字以内で説明せよ。

(5) 本文の内容に合致するものとして最も適切なものを次から選び、記号で答えよ。

ア 遠近法の発達によって、世界を主体と客体に分けて捉える考えが広まり、近代への足掛かりとなった。
イ 素朴遠近法は主観の影響が大きかったために、ヨーロッパの絵画においては浸透しなかった。
ウ 絵画において描かれたものが「何かにみえる」のは、人々が絵を見ているということを忘れるからである。
エ 遠近法を駆使して描かれた絵画には、客観的であるがために没個性的にならざるを得ないという課題がある。

（　）

14　無意識の構造

河合　隼雄

解答→別冊65ページ

● 次の文章を読んで、あとの問いに答えよ。なお、設問の都合により、原文の一部を変更した。〔南山大―改〕

「私」とは何か

「私」というものは不思議なものである。誰もがまるで自明のこととして「私」という言葉を用いているが、われわれはどれほど「私」を知っているだろうか。

インドの説話に次のような話がある。ある旅人が空家《あきや》で一夜をあかしていると、一匹の鬼が死骸を担いでそこへやってくる。そこへもう一匹の鬼がきて死骸の取りあいになるが、いったいどちらのものなのかを聞いてみようと、旅人に尋ねかける。旅人は恐ろしかったが仕方なく、前の鬼が担いできたと言うと、あとの鬼が怒って旅人の手を引きぬいて床に投げつけた。前の鬼は同情して死骸の手を持ってきて代《かわ》りにつけてくれた。あとの鬼は怒って脚をぬくと、また前の鬼が死骸の脚をくっつける。このようにして旅人と死骸の体とがすっかり入れ代わってしまった。二匹の鬼はそこで争いをやめて、死骸を半分ずつ喰《く》って出ていってしまった。驚いたのは旅人である。今ここに生きている自分は、いったいほんとうの自分であろうかと考えだすとわけがわからなくなってしまうのである。

①この話は「私」ということの不可解さをうまく言いあらわしている。このように考えだすとまったく解《わか》らなくなる。ここでは体のことになっているが、たとえば、われわれは職業を代えても、私は私と思うだろう。住居を代えても、私には変わりはない。しかし、そのようにして、自分にそなわっているすべてを次々と棄《す》ててしまって、そこに「私」というものが残るのだろうか。それは、らっきょうのように皮をはいでゆくと、ついに実が残らないものではなかろうか。

われわれが精神病の人たちの話をきくと、ときに、彼らは自分と同じ人間がこの世にもう一人存在していると主張したり、自分は××の生まれ代りであると確言したりする。これをわれわれは異常なことと感じる。自分というものはこの世に唯一無二の存在であり、過去にも未来にも同じものは存在しないと確信しているのである。ここに「確信」という言葉を用いたが、実際これは積極的に「確証」することがむずかしいことである。われわれは確証なしに、これらのことをむしろ自明のこととして受け入れている。

ここに「われわれ」という主語を漠然とした形で用いたが、②実のところ、この「われわれ」には相当限定を加えなければならない。というのは、現在においても、輪廻《りんね》転生を信ずる民族や集団も相当存在するからである。われわれ日本人にしても、相当の長期にわたって輪廻の思想を受け入れてきたのである。

近代人は合理的科学的な思考に基礎をおき、輪廻の考えを拒否している。③しかし、近代人それに基づく数々の迷信を笑いものにすることもできる。

にとって、「私」はどこから来てどこへ行くのか、というのは厄介な問題である。近代の先端をゆくアメリカにおいて、「私」の根(ルーツ)を探し求めることに異常な関心がむけられているのも、まことに興味深い。「ルーツ」はあくまで外的な根を探すことに焦点づけられているが、そこに、「私」という存在の基礎を知ろうとする内面的な問いかけが象徴的にはたらいていると考えられる。

「私」について考えはじめると、常にこのような深刻な疑問が生じてくるが、ここではしばらくこのような問題を括弧にいれて、もっと常識的なところから出発してみよう。もっとも、いつかはこのような問題に立ち帰って考えねばならないと思われるが。

自我

「私」ということについて、常識的な観点から考えるならば、「私」の知っているかぎりにおける「私」ということから出発することになるだろう。われわれは自分のした行為や、考えたこと、感じたことなどについて、「私がしたこと」とか「私の考え」とかなどと表現する。この「私の」、「私が」という主体、つまり、人間の行為や意識の主体として「自我」ということを考えることにしよう。

このように考えられる自我はいろいろなはたらきをしている。まず、外界の知覚ということがあげられる。自我は視覚、聴覚などの感覚をつうじて外界を認知する。次に、内界の認知ということもある。自分の内的な欲望や感情を認知する。そして、これらの経験は、記憶として体系化し保存しておかねばならない。しかし、これらのことは複雑にからみあった過程である。つまり、記憶体系に基づいて知覚したものに判断を下している反面、新しい知覚に基づいて、記憶体系が改変されることもあるからである。

④主体としての自我は以上のような機能を果たしつつ、自ら意志決定をなすことができる。そして、自我は運動機能とも結びついており、自らの意志決定に基づいて、自らの体を動かすこともできるのである。外的な現実と内的な欲望、感情などを認知した上で、両者のあいだに大きい摩擦を生じないように適切な行為を選択し、遂行していかねばならない。われわれが短時間のうちになにげなく行っている行為にしても、自我の機能として分解して考えてみると、予想外の複雑な過程であることが解るであろう。

自我はまた、ある程度の統合性を有することが必要である。つまり、ひとつのまとまった人格として存在するためには、その中に大きい矛盾をもつことが許されない。自我はそこで自分の統合性を保持するために、⑤自分自身を防衛する機能ももたねばならない。

たとえば、父親を絶対的な存在として尊敬し、それを心の支柱として大きくなってきた人があるとしよう。その人がなにかの機会に父親の弱点を知ったとき、その人の自我は大きい危険にさらされている。つまり、その事実は彼の自我の統合性をおびやかすからである。このとき、一番簡単な防衛の方法は、その事実を何かの誤りだと否定したり、あるいは忘れてしまうことである。

自我は、そこで、父親の弱点の存在を無視しないとすると、大きい努力を払いながら、自分の体系の組み変えを試みなくてはならない。事実、そのようにして自我は危険と対抗しつつ自ら発展してゆくのである。

自我はこのように考えると、その存在をそのまま続行するために、新しい経験を取り入れるのを排除しようとする傾向をもつが、人間の心全体としては、何か新しいことを取り入れて自らを変革しようとする傾向をもつものであり、このような相反する傾向を有しているところが、人間の心の特徴であるとも考えられる。

(1) 傍線部①「この話は『私』ということの不可解さをうまく言いあらわしている」とあるが、「『私』ということの不可解さ」とは、どういうことか。「自明」という言葉を用いて、四十字以内で説明せよ。

(2) 傍線部②「実のところ、この『われわれ』には相当限定を加えなければならない」とあるが、その説明として最も適切なものを次から選び、記号で答えよ。

ア 輪廻転生を信じている人が存在している以上、自分と同じ人間がもう一人存在しているとか、自分が誰かの生まれ代りであると主張することを、すべての人々が異常なことと考えるとは言えない。

イ 読者の多くは日本人であると考えられるが、日本人である以上は輪廻の思想に少なからず影響を受けているので、読者の多くがある程度は誰かの生まれ代りである可能性を信じている。

ウ 「われわれ」という言葉だけでは、筆者を表すのか読者を表すのか、あるいはその両者を表すのかが曖昧であるので、何らかの修飾要素を付け加えて、表す範囲を限定しなければいけない。

エ 「われわれ」という言葉は、広く読者一般を表すのに使われるべきだが、実際にすべての読者が精神病の人たちの話を聞けるわけではなく、それを「われわれ」というのは不適切である。 (　　)

(3) 傍線部③「しかし、近代人にとって、『私』はどこから来てどこへ行くのか、というのは厄介な問題である」とあるが、なぜ厄介なのか。「存在の基礎」「輪廻転生」という言葉を用いて、六十字以内で説明せよ。

(4) 傍線部④「主体としての自我は以上のような機能を果たしつつ、自ら意志決定をなすことができる」とあるが、その説明として最も適切なものを次から選び、記号で答えよ。

ア 自我には、外界の知覚と内界の認知とともに、外界と内界のバランスを調整するための運動機能がある。

イ 自我は、外的な現実と内的な欲望や感情との間に摩擦が生じたあとになってはじめて、それを解消するために働く。

ウ 自我には、記憶体系に基づいて判断しながら、知覚に基づいて意識的に記憶体系を改変する機能がある。

エ 自我は、知覚された外界の事実と内的な欲望や感情との間に摩擦を生じさせないように適切な行為を選択する。 (　　)

(5) 傍線部⑤「自分自身を防衛する機能ももたねばならない」とあるが、その説明として最も適切なものを次から選び、記号で答えよ。

ア 自我は、その統合性をおびやかす事実を誤りだと否定するか忘れるかして、当該の事実を無視し、自らの統合性を守る場合がある。

イ 自我がある事実を無視してしまうのは、その事実が自分の統合性を保つのに不都合であり、無視する以外に方法がないためである。

ウ 自我は、自分の統合性を危うくする事実を無視しない場合でも、容易にその事実を受け入れ、自分の体系を組み変えることがある。

エ 自我は、自らの心の支えを否定する現実に出会うと、その統合性が危険にさらされるため、そうした事実を回避する。 (　　)

15

わかりやすいはわかりにくい？
―臨床哲学講座

鷲田　清一

解答➜別冊69ページ

● 次の文章を読んで、あとの問いに答えよ。なお、設問の都合により、原文の一部を変更した。

〔北海学園大―改〕

だれかのことを思うときに、そのひとの顔を思い浮かべることなしにそのひとを思うことはできない。〈中略〉

わたしたちはいつもだれかのことを思っている。が、そのひとは人格という何か抽象的な存在ではない。具体的な顔をもったひとである。あるいはむしろ、具体的な顔としてあるひとである、と言ったほうがいいかもしれない。ひとは顔としてある、と。けれども、顔とは人体の上部に位置するあの顔面のことだろうか。その具体的な造作のことだろうか。

顔は「だれか」の具体的に見える存在だとだれもが考える。だれかに見つめられるというのは、だれかの眼がこちらを見つめているということである。だれかが怒っているというのは、だれかがそのような表情をしているということである。けれどもそのことをわたしたちはそのひとの眼を見ることで、あるいはそのひとの顔面に浮かぶ表情の変化によって、それとして知るのだろうか。そう考えるには、顔はあまりにも異様な現《あら》われ方をする……。 ⓐ

顔は見える、顔はだれかに見られると、あたりまえのようにひとは言う。けれども、だれかの顔を見るという経験を思い起こせばすぐわかるように、①だれかの顔を見つめるということ、まじまじと見るということは、じっさいにだれかの顔を前にしたときにはほぼ不可能である。相手が自分を見つめているとき、相手を見つめ返すのはむずかしいことだ。たがいにその存在を渇望しあう瞬間か、相手を怨《うら》んで睨《にら》みつけるときには、相手の顔をしばし凝視することがたしかにある。けれども、相手の顔を見つめつづけることはやはり苦痛である。いずれ眼を逸《そ》らしてしまうものである。

顔を見つめあうとき、まなざしはすぐに金縛りにあったように、凍りつき、凝固してしまう。眼がかち合うと、まなざしはたがいに密着してしまい、相手のまなざしを見るということ、つまり距離を置いて対象として見ることは不可能になる。見ることそのことが膠着《こうちゃく》するか、そのような膠着のなかで視線を無理やり引き剝がすか……。いずれにしても平静に相手の眼を見つづけることはできない。これを裏返して言えば、他人の顔というものは盗み見しかできないということである。だれかの顔は、相手がこちらを見ていないとき、別のものに視線をやっているときに、いわば盗み見するというかたちでしか、じっと見つめることができない。とどのつまり、だれかの顔は、それを見るわたしを見返されないかぎりにおいてしか見ることができない。②にもかかわらずそれは、だれかの顔として、ときにそれをまなざす視線をうろたえさせるほどたしかな強度をもって切迫してくる存在である。

そのようにしか現われえないはずの顔が、街には溢《あふ》れている。ポスターの顔、雑誌の表紙を飾る顔、テレビのなかから語りかけるキャスターの顔……。だが、これらはほんとうにだれかの顔なのだろうか。これらの顔はこちらをじっとまなざしているにもかかわらず、じつはわたしを見つめていない。そこでは視線がたがいにふれるということがない。わたしは相手に見つめられることなしに、相手の顔を見つめている。わたしは見るひと、相手は見られるひとと、そういう二つの顔が向きあってはいても、そこにはおよそ③関係というものが発生しない。そう、そのような画像としての顔は、言ってみればマジックミラー越しに見る顔である。とすれば、それは顔を見ているのではないのだ。物や風景を見つめるのと同じように、だれかの顔面を見つめているだけのことである。このように、関係が起こらないところでのみひとは顔を見ることができる。逆に、顔の接触がなんらかの関係をかならずや引き起こさざるをえないところでひとは顔を見ることができない。前者において「見る」とは観察することである。後者において「見る」とはふれることである。見るために必要な距離がそこでは開かれないからである。

　にもかかわらず、他者の顔はわたしに切迫してくる。貼りつくように、おもねるように、懇願するように、迫ってくるのに、それを注視しようとするとすぐに消え入ってしまう顔。ときとして、頑として退く気配のない塊としてぬっと現われてきて、それを追い払おうとして見返すと、視線が接触した瞬間、わたしのまなざしを有無を言わせず弾きかえす顔。他者の顔はこのように、こちらに眼を向けよと、わたしのまなざしを、いや、わたしの顔を召喚しにくる。眼を伏せても執拗《しつよう》に追いかけてくる。ⓑが、顔はまた儚《はかな》いものである。見つめるとすぐに消え入るような脆《もろ》いもの、傷つきやすいものである。顔は切迫してくるが、それを見つめる視線を前にしてすぐに身を退ける。これをエマニュエル・レヴィナスは顔の「撤退」、顔の「羞《は》じらい」と呼ぶ。それは対象となることを拒む。それほどまでに顔は壊れやすい。じっと見つめられたときの居心地の悪さを思い出せばよい。視線が、見返す眼が、顔を壊し、歪《ゆが》める。かぎりなく近くにありながら、まさにそのときにもっとも遠ざかり、もっとも隔てられているというこのもどかしさを経験したことのないひとなど、たぶんいないだろう。とすれば、レヴィナスの言う「羞じらい」としての〈顔〉とは、消え入ることそのことで現われるものだということになるのだろうか。あるいは、消え入ることそのことの現われだということになるのだろうか。

　だが、こうした薄弱な現象、はすかいの現象に、ひとは抗《あらが》いようもなく引きずり込まれ、釘《くぎ》付けになる。そして、相手の顔をさぐりにゆく。そこに何かを読もうとうかがう。「読む」というのは、顔を何かのしるしとしてとらえるということだ。背後でうごめくものの表徴として、である。〈顔〉はこのように「読む」ことへの欲望を掻《か》きたててやまない。その読まれるべき顔を、ひとは「表情」と呼んでいる。悦《よろこ》びの顔、恨みの顔、苦しみの顔、怒りの顔、放心の顔、鬱屈の顔、猜疑《さいぎ》の顔……。顔は、透かし模様のように「表情」の現われ出ているものとして読まれる。顔は現われそのものとしてではなく、何かの徴候や反映や表出として、たえず読まれるのだ。読まれるというかたちで、現われるやすぐに現われとは異なる次元に拉致される。意味の出現する表面として。ⓒ

　顔を読むことへの欲望が果てしないのには、わけがある。④他人の顔はこれまでずっとわたしの鏡でもあったからだ。乳児を前にした母親の表情を思い出せばよい。母親は、「口を大きく動かし、頭をうなずくように振り、目を見ひらき、おおげさな身振りで赤ちゃんに語りかける（空間的な誇張）」、「ことばやしぐさが、スローモーションをかけたように、ゆっくりになる（時間的な誇張）」、「笑い、驚き、眉をしかめる（情緒的な誇張）」（下條信輔《しもじょうしんすけ》『まなざしの誕生』）。このことで、乳児は母親に乳児の（まだない）「自己」を送り返される。自分がいまどのような状態にいるのか、自分がどのような感情に浸されているのか……。それを、乳児は母親によって示される。乳児の何やらわけのわからぬ情動に最初のかたちがあてがわれるのである。乳児の「人格」は母親の顔という鏡にまずは映し出される。乳児のふるまいにいくつかの[A]が敷かれる。以後、子どもは迷ったときに他者の顔をうかがうようになる。相手を知りたいというよりは、自分が生きのびるその[A]を知るために、ひとは赤子の頃より他者の顔を慎重にうかがってきたのである。

ひとがそれほどまでにやっきに顔を読もうとするのは、顔がたんなるアピアランス(外見)、つまりは何かの外への現われなのではなく、顔という現われが顔の存在そのものであるからに違いない。そうだとすると、表情としての顔が瞬間ごとにめくれ、ときに別のそれへと反転したりするのも、「作り顔」のあいだから間歇的《かんけつてき》に「素顔」がのぞくというふうには解釈しないほうがよい。[ⓓ]

「うわべを繕う」とひとは言う。顔はうわべのかたちであり、ほんとうに存在すると言えるのは、その背後にある「内面」だというわけだろう。顔が「うわべ」であり、「見かけ」にすぎないと考えられるとき、それは「表面」になる。言ってみれば、「外面」、そう、「そとづら」である。つまり顔には、ほんとうの顔と偽りの顔という区別が差し込まれている。顔には、その背後にあるものをそのまま歪めることなく映している「素顔」としての顔と、その背後にあるものを隠蔽している「仮面」としての顔とがあるというわけだ。「素顔」を出すひとにはその表出に曇りはなく、だから他人から「素直」だと言われ、あるいはそれを裏返して「すきだらけ」(無防備)とも言われる。「素顔」をすぐには露《あら》わにしないひとには背後を見えにくくするいくつもの遮蔽幕があって、だから「ひねくれている」「屈折している」ひと、あるいは「よこしまな」ひと、「一筋縄ではいかない」ひとというふうに、他人には映る。

が、顔はほんとうにだれかの「表面」なのだろうか。「表」には「裏」がある。「面」には「奥」がある。同じように、顔には「裏」があり、「奥」があるのだろうか。「おもてを上げい」という殿様の台詞《せりふ》ではないが、顔は「おもて」とも言う。「おもて」は、「表」と書くが、「面」とも書く。能面の「おもて」がそうである。両方を合わせたのが「表面」という言葉。が、⑤「表面」ほど顔にそぐわない言葉はないのではないか。顔の背後に何かを想定すれば、顔はなるほど「表面」になる。それが表わしているひとの「こころ」とか、「人格」とか、「内面」とかを想定すれば、顔はそれの表出、つまりは外への現象形態だということになる。「作り顔」というのも、そのような内部が顔の背後に存在すると考えると納得できる。顔はたしかに「作れる」。それでその内なる何かを「繕う」ことができる。

顔がもしたんなる「現象」であるとすれば、わたしたちは顔よりも顔の背後にあるものに関心をもっているということになる。ひとの顔をうかがうということには、たしかにその表情をつうじてそのひとの真意を推し量るという面がある。うかがううちに、そのひとが何を思っているかが仄《ほの》かに見えてきて、というより、見えたと思えてきて、相手の顔がそれまでとは違うように見えだしもする。が、これは顔の背後が見えたということではない。別の、これまで見えなかった顔が見えたということだ。つまり、顔をめくればもう一つの顔が見えたということにほかならない。その意味では、ひとの存在はどこまでも顔として現われる、めくってもめくっても顔として現われる……。そのように言うほかない。

本物か偽物かという区別は、その背後に想定された「存在そのもの」をそのまま表出しているか、それともそれを歪めたり覆ったりしているかという区別でしかない。が、顔はさまざまな現われ(何かの現われ)のなかの一つの特殊な現われなのではない。顔はむしろ、背後というものを前提しない、背後より先なる、言いかえると何かの現われという記号作用よりもさらに先なる、現われそのものであると言ったほうがよい。先にも見たように、日本語の「おもて」という言葉が「顔」と「仮面」の区別に先立つような顔についての経験を言い当てていると思われる。ⓔ とすれば、顔とはつまり、何かとして現前しえないというかたちで現前してくる、あるいは、消え入るというかたちでしか現われない、そういう［B］な現象であるということになる。そうして⑥「表情」とは、意味に拉致された顔でしかないということになる。

(1) 本文には次の部分が抜けている。ⓐ～ⓔのうち、これを入れるのに最も適切な箇所を選び、記号で答えよ。

顔と顔のあいだは、言ってみれば、こうした粘着と引き剝がしという相反する力が交差する場、いわば磁場のようなものなのである（ここでついでに言っておけば、よく知っている顔だからと言って、その顔の造作をくわしく知っているわけではない。たとえば家族の顔。毎日見ているはずの顔であっても、眉毛はどうなっているか、唇のかたちはどうかと訊《き》かれたとき、わたしたちはその形状を事細かに描写することができない。耳のかたち、眉のかたち、唇のかたちを意外に知らないのである。家族の顔はたえず切迫の交錯のなかで現われてくるものであり、対象としてじっとまなざすという類のものではないからである）。

（　　）

(2) 傍線部①「だれかの顔を見つめるということ、まじまじと見るということは、じっさいにだれかの顔を前にしたときにはほぼ不可能である」とあるが、その理由として最も適切なものを次から選び、記号で答えよ。

ア 相手の顔をしばらく凝視するのは、渇望や怨みの現われと解釈されかねないはばかるべき行為であるから。

イ 見つめるという目的を、盗み見によって果たそうとしていることを相手に察知されないのは難しいから。

ウ 相手と眼がかち合うことで、視線が凝固してしまうか眼を逸らすかのいずれかしか道がなくなるから。

エ 見つめられることでまなざしが凝固した相手の顔を見ても、ほんとうの顔を見ているとはいえないから。

オ 相手の顔における造作は一部分ずつしか凝視できないため、顔を見つめていることにはならないから。

（　　）

(3) 傍線部②「にもかかわらずそれは、だれかの顔として、ときにそれをまなざす視線をうろたえさせるほどたしかな強度をもって切迫してくる存在である」とあるが、それはどういうことか。六十字以内で説明せよ。

(4) 傍線部③「関係」の説明として最も適切なものを次から選び、記号で答えよ。

ア 互いの視線がふれる関係

イ 互いに直接的な面識がある関係

ウ 互いに誰なのかを知っている関係

エ 互いの表情から何かを読み取れる関係

オ 互いが目に見える範囲に存在している関係

（　　）

(5) 傍線部④「他人の顔はこれまでずっとわたしの鏡でもあった」とあるが、「他人の顔」が「わたしの鏡」であるとはどういうことか。三十五字以内で説明せよ。

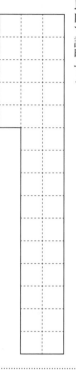

(6) A に入る最も適切な言葉を次から選び、記号で答えよ。

ア 緩衝材　イ 軌道　ウ 伏線　エ 布石　オ 防波堤

（　　）

(7) 傍線部⑤「『表面』ほど顔にそぐわない言葉はないのではないか」とあるが、それはなぜか。その理由として最も適切なものを次から選び、記号で答えよ。

ア 「表面」という言葉は「裏面」や「内部」の存在を含意するものであるが、顔に関しては「うわべ」や「仮面」に該当するものであり、ほんとうの顔を表すことに寄与しないから。

イ 「表面」という言葉は「裏面」や「内部」の存在を含意するものであるが、顔に関しては顔面の具体的な造作を表すものでしかなく、「内面」の存在を示唆することができないから。

ウ 「表面」という言葉は「裏面」や「内部」の存在を含意するものであるが、顔に関しては、顔の「奥」に「何か」が存在しその表出が顔である、という捉え方をすべきではないから。

エ 「表面」という言葉は「裏面」や「内部」の存在を含意するものであるが、顔に関しては「奥」にあるものがほんとうの顔に該当するため、「表」を意味する表現自体が不要であるから。

オ 「表面」という言葉は「裏面」や「内部」の存在を含意するものであるが、顔に関しては、外から見えるのは「素顔」や「仮面」といった「表面」だけであるため、「裏面」にある背後の何かと区別する表現自体が不要であるから。

（　　）

(8) B に入る最も適切な言葉を次から選び、記号で答えよ。

ア 逆説的　イ 直観的　ウ 表面的
エ 不可逆的　オ 普遍的

（　　）

(9) 傍線部⑥「『表情』とは、意味に拉致された顔でしかない」とあるが、それはどういうことか。「内面」「読まれる」という言葉を用いて、六十字以内で説明せよ。

(10) 次の本文中の表現のうち、筆者の考える「顔」の本質を言い表したものとして最も適切なものを次から選び、記号で答えよ。

ア 表情　イ 何かのしるし　ウ 現われそのもの
エ 外への現象形態　オ 意味に拉致された顔
カ 意味の出現する表面　キ 何かの徴候や反映や表出
ク 背後でうごめくものの表徴
ケ 背後にあるものを隠蔽している「仮面」
コ 背後にあるものをそのまま歪めることなく映している「素顔」

（　　）

16

共同体のかたち

菅　香子

解答⇩別冊75ページ

● 次の文章を読んで、あとの問いに答えよ。なお、設問の都合により、原文の一部を変更した。

〔早稲田大―改〕

美術館のなかで人々の視線にさらされる作品、人の「顔」を無防備に露呈する作品、屋外で野ざらしにされる作品、時間にさらされ絶え間ない変化に委ねられた作品、物質性を露わにする作品、あるいは鑑賞者の方を無防備にさらけ出す作品。①現代アートはいま、「エクスポジション」*として自らを現しはじめている。

作品を「展示」するということは近代において特徴的な美術の展示の仕方だ。だが、あるときから、「エクスポジション」は作品の制作そのもののうちに取り込まれていったようだ。この「エクスポジション」というのは、単に芸術作品を展示する場を意味するのではない。それは、芸術作品を成り立たせる重要な契機となっている。作品は、展覧会で「展示される」というだけではなく、自らが何かを露呈し呈示するものになっているのだ。そのことは、現代の芸術作品の重要な特徴になっているように見える。現代の芸術作品は、何かを表現したり、何かを表象したり代理したりしているから作品として成り立っているのではない。そうではなく、何かを露呈し呈示することによって、作品たりえているのだ。

だが、何が露呈され、呈示されていると言うのだろう。現代の芸術作品が露呈しているもの、それは、表象されえないものである。表象されえず、まさに呈示されるよりほかないものが、呈示されている。表象しえないものとは、見えない記憶であったり、何かが起きて消えていくという出来事であったり、存在の痕跡であったりする。つまり、［A］ものだ。そういった表象不可能なものを現代の芸術作品がさらし出す。表象が、もはや、美的経験の支えとなりえない時代に、芸術作品は、美的経験の質を変えながら、表象から「エクスポジション」へと変化していったのだ。いま、「エクスポジション」は芸術行為に取り込まれ、そして、芸術にとって根本的な意味を持ちはじめている。

②芸術の「表象」から「エクスポジション」への変化をどのように理解したらいいのか。「表象」から「エクスポジション」へ移行したのはなぜだったのか。このことを探っていくと、現代の共同体論の展開と、現代アートの展開の相互に絡み合う深い関係が見えてくる。わたしたちは、現代における共同性についての思考と、「展示」され自らを「呈示」する現代アートの関係に注目した。

そもそも、芸術作品と共同性は切り離して考えうるものではない。作品が何かの「表象」であるにしても、何かの「エクスポジション」であるにしても、それはつねに共同性とかかわり合ってきた。なぜなら、イメージは「見られるもの」であり、どのように現れているにせよ、芸術作品はつねに「見られること」を前提として作られてきたからだ。最初の絵画と考えられているラスコーの洞窟の壁画、教会の壁に描かれた聖書の場面、人の肖像、歴史画、美術館に展示される絵画、美術館に収まりきらないような現代アートの作品、そして匿名的に路上の壁に描かれるストリート・アート。どのような形態の作品であれ、人の目に触れることが重要であり、誰かに見られることによって作品として成立する。作品は、［B］

　また、イメージは、言葉と同じように、コミュニケーションの基本的な媒体であり、共同性を本質的に含み込んでいる。イメージはつねに、わたしたちに見られ、わたしたちのあいだで分かち合われる。③イメージは、見ることを通して、人々を結びつけてきた。イメージは、人間が複数で存在しているということ、つまり人間が共同存在であることを目に見えるものにする。人々のあいだにイメージが差し出されることで、「共に在ること」は実現された。つまり、イメージは、分かち合いを引き起こすものとして機能してきたのである。だから、芸術作品は根本的に共同的なものであり、人が共同であることに対して働きかける何かなのである。《ア》

　芸術作品がこのようなものであるために、それは多くの場合、権力の問題を孕《はら》む「政治的なもの」として機能してきた。作品として何かを表象するということが、政治的に作用してきたのである。その作用は、「見ること」と「見せること」のなかで働いてきた。表象は、不在のものや死者を代理する作用と、力や権利を提示する作用を持つが、その二つの作用を織り交ぜることによって、「政治的なもの」として機能してきたのである。それは原初のイメージと考えられる古代ローマの肖像イマギネスのときからすでにそうであり、皇帝の肖像、キリスト教の聖人像、そしてルネサンス期に現れたふつうの人々の群像といった表象は、いまそこにいない人を表しつつ、そこに力を呈示してきたのである。そして、近代の政治空間のなかでも、人々はイメージを共有することによって、政治的共同体を成り立たせてきた。目に見えないものである「国家」は、イメージの力を借りて実現されてきた。イメージは権力の目に見えるかたちであるとともに、人々が経験を共有するための軸だったのである。《イ》

　だが、権力を支え政治空間を支えてきたイメージは、近代の政治権力が生を管理する統治の形態である「生政治」へと突き進んでいったそのときに、そのあり方を変えていくことになった。ジョルジョ・アガンベンが「近代の政治空間の隠れた範例」であると指摘した、*絶滅強制収容所が出現したときである。絶滅強制収容所で、人は、あらゆる主体の可能性から引き離され、単なる生きものとして、権力に対して、あるいは、剝《む》き出しで死に対してさらされる。つまり、人は、いかなる表象も持ちえず、いかなる主体としても成立しえない状態に置かれたのである。「生政治」の究極的な実現は、人を死に対してさらしながら、主体という権能を剝奪《はくだつ》するものだった。《ウ》

　絶滅強制収容所において、人間は「主体」を解体される空間を経験したのだが、同時にそれは、想像することも語ることもできない出来事であったために、表象が可能なのかどうかが根本的に問い直された場所でもあった。そして、表象の不可能性にさらされたイメージは、表象されるものでもなく、ただ呈示され露呈される「エクスポジション」へと変わっていく。絶滅強制収容所の出現は、一方で人をただ［C］というあり方でしか存在しえないものに変えてしまい、もう一方では表象されえないものがあることを明らかにした出来事であった。そして、表象されることのない何ものかが、ただささらされるようになったのである。《エ》

　そして、この人間のあり方を根本的に変えてしまった出来事は、④共同体についての想定を変えることにもなった。このとき、表象可能な共同体や、人間が表象の主体であるような状況は決定的な試練にさらされたのだ。表象可能な主体による、表象可能な共同体が、もはやありえないものとなったからだ。共同体が不可能なものであることが明らかになったときに、あらためて共同性が問い直される。そして、まさにその不可能性のうちに、人が根本的に「共に在る」ということが見出された。人が「個」ではなく、自らを表象することもできず、ただ存在を分かち合うものでしかないことが示され、人間の根本的な共同性にたどり着いたのだ。《オ》

　マルティン・ハイデガーが人間存在を「主体」ではなく「共存在」として思考したことを契機として新たに展開された現代の共同体論では、「主体」によって作られるべき共同体、あるいは理想や目的として構築されるべき共同体ではなく、⑤存在の前提としてすでにある共同性が明らかにされた。つまり、「主体」を前提として作り上げられる共同体が破綻したそのときに、その「不可能性」の経験をベースにして、現代の共同体論が展開されていったのである。わたしたちは、「個」や「主体」である前に、必然的に「共存在」である。必ず、他者と「共に」存在するということだ。「共存在」としての人は、お互いに対して露呈していて、その露呈こそが共同性を要請し、それを生起させるということが明らかにされた。

　ハイデガー以降の現代の共同体論で確認されたのは、「共存在」としての人間のあり方であり、わたしたちが受動的にさらされている根本的な共同性だった。そして、その共同性のあり方は、「表象の不可能性」の後に試みられてきた芸術の営みを照らし出すことになる。これは偶然ではない。芸術と共同性とがつねに絡み合ってきたものであることを考えれば、この二つが呼応し合うのは当然のことだろう。共同体論という哲学的な探求と、芸術作品のあり方の変化は、絡み合って進んできたのであり、イメージの表象から「エクスポジション」への変容は、共同性についての思考の変容と密接に、そして必然的に結びついている。

　絶滅強制収容所という歴史的体験のあとに、「主体」の能力である表象が崩壊し、芸術は「主体」の解体から成り立つような無為のものとして現れはじめ、同じように共同性も実体として成り立たない、無為の営みとして現れてきた。共同存在としての人間、そして芸術作品は、単に露呈しかされないものとして、つまり「エクスポジション」として自らを示している。この「エクスポジション」が、現代における人間のあり方であるとともに、芸術作品のあり方なのである。

　芸術作品はつねに「見られること」を前提としてきたし、「見られること」によって成り立ってきた。そのような作品のあり方は、「共存在」としての人間のあり方に対応している。人はつねに他者へと向けられていて、存在は他者によって受け止められることによって成り立つ。それは、共同性の契機そのものである。存在することのうちにすでに他者が想定されていて、［D］ということのうちに、共同性が示されているのだ。このような人間の存在の仕方と同じように、芸術作品はいつもそれを見る者に向けられている。そして、それが誰かによって受け止められるとき、そこには共同性が成立するのだ。現代において、作品を「見ること」は、もはや権力の問題ではなく、わたしたちの存在の根底に横たわる共同性にかかわるものである。芸術作品は、見る者に対して開かれていて、共同性に対して開かれている。「エクスポジション」としての現代アートは、作品を「呈示」し、そこに共同性を生起させると同時に「露呈」させる。作品そのものの「呈示」を通して、わたしたちを共同性にさらしているのである。不可能な共同性が露呈されること、かつ、わたしたちがそれを見て受けとるという関係のなかで、共同性はそれと名指されることなく生きられている。

＊エクスポジション＝展示、陳列。
＊絶滅強制収容所＝第二次世界大戦時、ナチスがユダヤ人などを強制的に収容し、大量虐殺（ホロコースト）を行った場所。

(1) 傍線部①「現代アートはいま、『エクスポジション』として自らを現しはじめている」とはどのようなことか。その説明として最も適切なものを次から選び、記号で答えよ。

ア 現代アートは、美術館という限られた空間のみならず、屋外や街路など、多くの人々が注目する場での表現を重視しているということ。

イ 現代アートは、屋外や人目にさらされた場所に置かれ、その置かれた環境にまかせることで、逆に作品としての価値を増しているということ。

ウ 現代アートは、何気ない顔や、芸術と思えないような物質を呈示することを通して、希薄化していく人間性を表現しようとしているということ。

エ 現代アートは、それ自体がどのように見られるのかを意識し、そのことを表現の大事な要素として取り込んでいるということ。

（　）

(2) A に入る最も適切な言葉を次から選び、記号で答えよ。

ア 芸術作品となる可能性をもつ

イ 過去において重要な意味をもった

ウ 何かに置き換えることが不可能な

エ 日本文化に多く見られるはかない

（　）

(3) 傍線部②「芸術の『表象』から『エクスポジション』への変化」とはどのようなことか。その説明として最も適切なものを次から選び、記号で答えよ。

ア 芸術作品が、具体的なものや特定の思想を表そうとする営みから、そのようには表せないものがあることを呈示しようとする営みへと変わっていったこと。

イ 芸術作品が、描くことのできないものを表現しようとする営みから、具体的な事物を表現し、呈示する営みへと変わっていったこと。

ウ 芸術作品が、美的な経験を具体的なイメージとして伝えようとする営みから、物質や顔などのものそのものを呈示しようとする営みへと変わっていったこと。

エ 芸術作品が、失われた過去や記憶を再現しようとする営みから、現代の共同体が求める価値を体現したものを表現しようとする営みへと変わっていったこと。

（　）

(4) B に入る最も適切な言葉を次から選び、記号で答えよ。

ア つねに表象を変化させている。

イ つねに他者を前提としている。

ウ つねに事件を期待している。

エ つねに外見に左右されている。

（　）

(5) 傍線部③「イメージは、見ることを通して、人々を結びつけてきた」とはどのようなことか。その説明として最も適切なものを次から選び、記号で答えよ。

ア 芸術作品を見るという行為は、それまでに人々が作り出してきたイメージを受け継ぐことになるため、そこに永続的な共同体が生まれることになる。

イ 芸術作品を見るという行為は、その作品を表現した人の考えやイメージを想像する行為となるため、他者を理解する営みがそこで生まれる。

ウ 芸術作品を見るという行為は、それを見ている複数の人々を意識しながらなされるため、集団や共同体の意識がそこで生まれることになる。

エ　芸術作品を見るという行為は、その作品を通して、多くの人々に共通する価値を受けとめる行為であり、同じ価値観を持った集団がそこで生まれることになる。

（　　）

(6)　文中から次の一文が脱落している。次の一文が入る場所として最も適切なのは、《ア》～《オ》のうちのどこか。記号で答えよ。

そのようにして、表象が不可能になったまさにその場所で「エクスポジション」が前へと出てくる。

（　　）

(7)　C に入る適切な言葉を文中からひらがな五字で抜き出して書け。

(8)　傍線部④「共同体についての想定を変える」とあるが、どのように変わったのか。その説明として最も適切なものを次から選び、記号で答えよ。

ア　人と人とでなり立っている共同体のイメージが、想像できないような残酷な人々を含んだ共同体のイメージへと変容していった。

イ　当たり前のように存在していた共同体のイメージが、それを疑い、改めて考え直すことを通してとらえられるように変化していった。

ウ　そこで生きる人々のための共同体というイメージから、それらの人々を管理し、支配するための共同体というイメージに変わっていった。

エ　共同体が、人とかかわりなく存在しているというイメージから、共同体を作ろうという人々の明確な意志によって存在するというイメージになっていった。

（　　）

(9)　傍線部⑤「存在の前提としてすでにある共同性」とはどのようなことか。四十字以内で説明せよ。

(10)　D に入る適切な言葉を自分で考え、「他者」と「存在」の二語を用いて、十五字以上二十字以内で書け。

(11)　本文の内容と合致するものとして最も適切なものを次から選び、記号で答えよ。

ア　芸術作品は、それを見る共同体の中でこそ存在するため、その共同体そのもののとらえ直しが、芸術作品のあり方自体に変化をもたらすこととなった。

イ　芸術作品は、人類にとって普遍的な価値を呈示することを通して共同体の結束をうながすため、政治的な権力に利用されてきた。

ウ　芸術作品は、絶滅強制収容所の出現によって、その非人道的な存在を批判するための目的を与えられることになった。

エ　芸術作品は、絶滅強制収容所という歴史的な体験を経て、それを批判するための明確な主体の必要性をつきつけることになった。

（　　）

高校 標準問題集
— From Basic to Advanced —
論理国語
解答解説

目次

ひっぱると、はずして使えます。

1 相手依存の自己規定

鈴木 孝夫

本文⇩4〜6ページ

本文図解

※問題を解く上で関連する箇所に小問の番号を付しています。

1 私たち日本人は、絶えず自分の本当の気持、意のあるところを誰か適当な他人に分って貰うことを求めているらしい。他の人に賛成して貰いたい、同意して欲しい、共感を味わいたいという願望は私たちの他人との関係の中で、手を変え品を変えて各種の行動に現われてくる。何もかもぶちまけてしまいたい、すっかりしゃべって胸がせいせいするというような態度、日本の犯罪者の自白率が驚くほど高いという事実、外交の舞台でしばしば問題になる日本人の機密や秘密を保持することの難しさ、それらはすべて、(1)重大な問題を一人心にしまって、それの重みにじっと耐えて行くという固く閉ざされた自我のしくみが、私たち日本人にはきわめて弱いのではないかと思われる。

2 いま述べたようなきわめて印象的で大づかみな日本人の自我の構造は、私の考えでは私たちの人間関係の把握の様式と深い関係がある。それは日本人は自分がなんであるかという自己同一性の確認を他者を基準にして行う傾向が強いからである。他者の存在を先ず前提とし、自己をその上に拡大投影して自他の合一をはかるか、他者との具体的な関係において、自己の座標を決定しながら自己確認を行うかのどちらかの方式をとる。どちらも(2)相手を基準とする自己確認である点では共通のものと言える。

3 いま述べた点を、もっと具体的な事実に基きながら説明しよう。〈中略〉

4 現代の標準日本語には、話し手が自分を表わす一人称代名詞、そして相手を

---

1 日本人の、自己を他者に分って貰いたいという願望

具体例
- ・ぶちまけて胸がせいせいするという態度
- ・犯罪者の自白率の高さ　・機密保持の難しさ

問題提起　日本人は、自己の問題を自己自身においてのみ受け止めるような自我のしくみがきわめて弱いのではないか。

2 ← 結論　日本人の自我の構造…自己同一性の確認を他者を基準にして行うという人間関係の把握の様式と関係がある。
- ・他者の存在という前提の上に自己を拡大投影
- ・他者との具体的な関係において自己の座標を決定

3 ← 具体的な事実に基いて以降説明

4 現代の標準日本語…一人称代名詞・二人称代名詞が複数ある

← ところが

具体例　[調査]特定の人物の、自分・相手の表現のしかた

5 ← 意外な結果
- ・人称代名詞を使用する範囲が限られている
- ・代りに「資格や地位を表わすことば」を使用

示す二人称代名詞が、それぞれ数個もあることが知られている。ところが実際に、ある特定の人物を限って、その人が日常の生活の中で自分および相手をどのように言語で表現しているかを調査して見たところ、意外な結果が出たのである。

5 第一に、人称代名詞を使用する範囲が意外に限られているという事実である。それでは代りに何を使っているかと言うと、自分および相手の、広い意味での資格や地位を表わすことばが使用されていることが分った。

6 (3)例えば一家の長である男性は、子供と話すときには、自分のことを「おとうさん」とか、「パパ」と言う。兄は弟妹に向って、「お兄ちゃんのボールペンどこへやった?」などと言うのである。しかし弟が姉に対して自分のことを、「ねえ、弟ちゃんにこれちょうだいよ」というようなことは言わないし、男子が母親に向って、「息子は出掛けるよ」とも言わない。このような場合には、「ぼく」「わたし」のような代名詞を使うのである。

7 相手に直接呼びかける場合にも、お父さん、お母さん、おじさん、おばさん、にいさん、ねえさんなどは用いられるが、弟、妹、息子、娘、孫、甥、姪のような言葉は、いかに変形しても使用することはできない。このような親族に対しては名前か、二人称代名詞を使うのが普通である。その反面、親や兄姉には人称代名詞を使って呼びかけることはまれである。

8 こうした相手および自分を示す言葉の使い方は、家の外での社会的な場面においても見ることができる。学校の先生は生徒に対して自分のことを先生と言う。生徒の方は、先生を先生と呼んで、あなたなどとは言わない。会社でも、目上を職名・地位名で呼ぶのは普通であるが、二人称代名詞は用いられないのである。

9 そこでこのような原則に基いて、一人の個人が生活の中でどのくらいの異なった自己の呼び方をするものかを次に見てみることにする。

10 年齢四十歳の小学校の先生Aには妻と男の子一人、そしてまだ大学生の弟がいる。他に近い親戚としては別居している父と兄がいる。この先生が、いくつ

---

6 具体例 **自分のことを言う場合(家の中)**

・「一家の長である男性」→「子供」／「兄」→「弟妹」
…自分を「おとうさん」「パパ」／「お兄ちゃん」と言う

← しかし

・「弟」→「姉」／「男子」→「母」
…「ぼく」「わたし」のような代名詞を使う

7 具体例 **相手に直接呼びかける場合(家の中)**

・「お父さん、お母さん……」と呼び、人称代名詞は使わない

↔

・「弟、妹、息子……」とは呼ばず、名前か二人称代名詞を使う

8 具体例 **家の外での社会的な場面**

・学校…先生→生徒に対して自分のことを先生と言う
生徒→先生を先生と呼び、あなたとは言わない

・会社…目上を職名・地位名で呼ぶが二人称代名詞は用いない

← 原則

〈自己の呼び方〉

立場が上の人物：○資格・地位を表わすことば ×一人称代名詞
立場が下の人物：×資格・地位を表わすことば ○一人称代名詞

〈相手の呼び方〉

立場が上の人物→立場が下の人物：×資格・地位を表わすことば ○二人称代名詞
立場が下の人物→立場が上の人物：○資格・地位を表わすことば ×二人称代名詞

自分の呼び方を持っているかというと、少なく見て七種もあるのである。自分の子に対しては「おとうさん」、弟に対する時は「にいさん」、妻と話すときは「おれ」、父に対しては「ぼく」、兄に対しても同様である。隣の子に向っているときは「おじさん」、学校で生徒に教える時は「先生」、同僚に対しては「ぼく」、校長に対しては「私」であることが分った。

11 この人は話の相手が誰で、自分に対してどのような地位、資格を持っているかを見きわめた上で、その場に最も適切な言葉選びをしている。つまり相手の性質が、自分の自己を言語的に把握する角度に直接反映するのである。「自分は何者であるのか」ということが、「相手は誰か」に依存する構造になっていると言える。このような言語による自己把握の相対性は、少なくとも西欧諸国の言語にはまったく見られないことは特筆に価する。

12 ⑹英、独、仏のようなヨーロッパの言語では、話者が自己を言語的に表現する角度は、原則として一定不変であって、用語としては一人称代名詞のみが用いられる。私はこの型の自己把握を絶対的な自己表現と呼んで、日本型の相対的自己表現と区別したのである。

13 さて、このような相手に依存する自己規定とは、自己が自己自身を見る視点を他者の立場に移すことを意味すると考えられる。人は自分を「おとうさん」として把握できるためには、自分の子供の視点から自分を見る必要がある。またある人が先生と自称しうるためには、生徒の立場から自己を見直さなければならないからである。

14 ⑺相対的な自己表現の言語習慣は、かくして必然的に相手の立場からの自己規定、他者を介しての自己同一性の確立という心理的パタンにつながっていくものと言えよう。これは自己と相手の立場の同一化と称することもできよう。自分が具体的な自分であるためには、相手が必要であり、その相手を通しての確認が要求されるからである。

---

10 9 一人の個人の自己の呼び方

具体例 「先生A」→七種以上の自分の呼び方を持つ

（・自分の子に「おとうさん」 ・弟に「にいさん」
・妻に「おれ」 ・父・兄に「ぼく」 ・隣の子に「おじさん」
・生徒に「先生」 ・同僚に「ぼく」 ・校長に「私」）

11 ← つまり

相手の性質が、自己を言語的に把握する角度に影響

…「自分は何者であるのか」が「相手は誰か」に依存する構造

＝**相対的自己表現（日本型）**

↔

12 ヨーロッパの言語…話者が自己を言語的に表現する角度は一定不変

（一人称代名詞のみ）＝**絶対的自己表現**

13 相手に依存する自己規定

→自己が自己自身を見る視点を他者の立場に移すことを意味

14 結論（＝2段落）

相対的な自己表現の言語習慣

…相手の立場からの自己規定、他者を介しての自己同一性の確立という心理的パタンへ＝自己と相手の立場の同一化

全体の段落構成

1 問題提起：日本人は閉ざされた自我のしくみが弱いのではないか
↓
2 結論：日本人の自己確認は他者基準
↓
3～8 根拠1：日本人の自己・相手の呼び方
↓
9～13 根拠2：日本型の相対的自己表現
↓
14 結論：日本人の自己規定・自己同一性確立には他者が必要

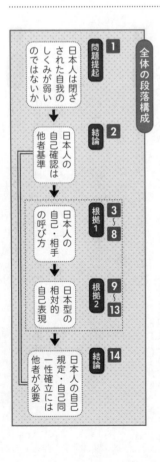

解答

(1) （例）重大な問題を他人に明かさずに自分一人で耐える（ということができない自我の構造。）（22字）

(2) **エ**

(3) **イ・エ**

(4) **ア**

(5) この人は話

(6) （例）自己を言語的に把握する際に相手の性質に依存することがなく、一人称代名詞のみが用いられるヨーロッパの言語における自己表現。（60字）

(7) **エ**

解説

(1) 「いま述べたような」とあるので、直前の**1**段落に注目する。問題提起 「重大な問題を一人心にしまって、それの重みにじっと耐えて行くという固く閉ざされた自我のしくみが、私たち日本人にはきわめて弱い」とあり、「自我の構造」が「自我のしくみ」の言い換えであることから、ここで述べられている「日本人の自我の構造」は、〝重大な問題を他人に明かさずに自分一人で耐えることができない〟という構造といえる。この内容を設問の指定に従ってまとめる。

(2) ⓔのあとの「どちらも相手を基準とする自己確認である点では共通のものと言える。」という一文をもとに考える。この「相手」は「他者」と言い換えることができるので、ⓐ・ⓑ・ⓓには「他者」、ⓒ・ⓔには「自己」が入るとわかる。よって、**エ**が正解。

(3) 具体例 **6**・**7**・**8**段落を正確に読み取る。**6**段落では、父・兄は子供・弟妹に対して自分のことを言うのに「おとうさん」「パパ」「お兄ちゃん」という「資格や地位を表わすことば」を用いるが、弟・男子は姉・母親に対して自分のことを言うとき「『ぼく』『わたし』のような代名詞を使う」とある。**7**段落では、「弟、妹、息子、娘、孫、甥、姪」に対して相手を呼ぶときは「名前か、二人称代名詞を使う」とある。**8**段落では、学校や会社でも代名詞の用いられ方は家庭と同じであると述べられている。よって、**イ・エ**が正解。

(4) **8**段落は、**4**・**5**段落で示された、具体例 「人称代名詞を使用する範囲が意外に限られている」という調査の結果について、**6**・**7**段落の家庭内の例に加えて「家の外」の例を挙げ補っている。よって、**ア**が正解。

(5) **10**段落で傍線部③についての具体的な説明、**11**段落でそこから言えることが述べられている。**11**段落冒頭の「この人」は、**10**段落の 具体例 「年齢四十歳の……父と兄がいる」人物（＝調査の対象となった人物）を指しており、この一文に具体的な「基準」がまとめられているとわかる。

(6) 傍線部④の直前にある「この型の自己把握」とは、その前で述べられている「ヨーロッパの言語」における「話者が自己を言語的に表現する角度は、原則として一定不変であって、用語としては一人称代名詞のみが用いられる」という自己把握である。「相手」という指定語があるので、**11**段落の、日本の「『自分は何者であるのか』ということが、『相手は誰か』に依存する構造」のような「言語による自己把握の相対性は、少なくとも西欧諸国（＝ヨーロッパ）の言語にはまったく見られない」という内容を踏まえてまとめるとよい。

(7) **ア**は、「他者への……もたらす」が、**イ**は、「客観的でもある」が本文にない内容。**ウ**は、「本質的には他者を介さない自己同一性の確立を求めている」が本文の内容と異なる。**エ**は、**14**段落に 結論 「相対的な自己表現の言語習慣は、……他者を介しての自己同一性の確立（＝**2**段落の 結論 ）という心理的パタンにつなが」り、「自己と相手の立場の同一化と称することもでき」るとあるので合致する。よって、**エ**が正解。

2 学びとは何か――〈探求人〉になるために

今井 むつみ

本文→7〜9ページ

※問題を解く上で関連する箇所に小問の番号を付しています。

本文図解

1 遊びの効用はいろいろある。〈中略〉子どもの時の遊びは知性の発達に非常に重要なのである。

2 知性の発達の根幹は、象徴する能力である。人間以外の動物と比べて人間が格段に違っているのは、この「象徴能力」であると言ってもよいだろう。一般的には「象徴」ということばは「ハトは平和の象徴」というように使われる。ここでの「象徴」は、目に見えない抽象的な概念をある具体物に代表させる機能という意味で使われている。しかし、本来「象徴」というのはその逆の方向、つまり(1)具体から情報のエッセンスだけを取り出し抽象化したものなのである。〈中略〉

【中略】（**3** 絵を描く際の象徴化）

4 言語は究極の象徴だ。ことばはモノや動作、出来事に対し、絞り込まれた特定の基準だけに注目してカテゴリーをつくる。つまり、言語は世界を多様な、しかし一貫した基準で切り取り、まとめ、象徴化し、さらに個々の象徴を関連づけてシステムをつくっているのである。〈中略〉

5 子どもは自然と「ごっこ遊び」をする。ごっこ遊びの中で子どもは、モノの特徴に惑わされずにモノを象徴的に扱う能力を発達させていく。例えば、子ど

---

1 子どもの時の遊びは知性の発達に非常に重要

2 「**象徴能力**」が知性の発達の根幹
具体から情報のエッセンスだけを取り出し抽象化したもの

3・**4** 絵・言語は**象徴**
世界を多様かつ一貫した基準で切り取り、まとめ、**象徴化**し、個々の**象徴**を関連づけてシステム
＝「新しい知識」をつくる

5 子ども「ごっこ遊び」
具体例 コップで飲むふり

6 ごっこ遊びと言語の発達は連動
具体例 人形にミルクを飲ませる
「ふり」「見立て」
＝**象徴化**

← このように
ことばと**象徴能力**は遊びを仲介にしていっしょに発達していく

もが、コップがないのに何かをコップに見立てて(あるいはモノなしで)コップで飲む真似をしていたら、コップの色や形に関係なく、コップの機能を理解し、それを象徴化して「コップで飲むふり」をしていたということだ。子どもは遊びを通じて、ことばを学ぶために必要な世界の様々な様相を切り取り象徴化することを試していると言ってもよい。

6 実際、ごっこ遊びと言語の発達は連動して起こっている。最初は哺乳瓶の形をしたおもちゃがないと人形にミルクを飲ませることができなかったのが、少し大きくなると積み木などの機能が定まっていないモノで代用できるようになる。そのうち、モノがなくても「ふり」だけで人形にミルクをあげることができる。あるいは哺乳瓶とはまったく形も機能も違うものを哺乳瓶に見立てることができるようになる。このように、(2)ことばと象徴能力は遊びを仲介にしていっしょに発達していくのである。

7 世界を象徴化することを学ぶことが大事で、そのために遊びが大事なのなら、象徴化を助ける遊びをするのがよいと考えるのは自然なことだ。実際、世の中には、「遊びながら○○を覚えます」とうたった玩具、また英語や音楽、体操などのレッスンがあふれている。そういう「遊び」が子どもの知的能力を発達させる「よい遊び」なのだろうか。

【中略】(**8** 遊びの五原則)

9 (2)よくあるような「遊び感覚で○○を学ぶ」のはほんとうの遊びかどうか、もういちど大人は考えるべきだ。

10 象徴能力を育むために知っておいてほしいことが、もうひとつある。創造性につながる「象徴」というのは目の前にしているモノの特徴にとらわれず、それに違う役割を与えたり、違う見方をしたりすることができるということだ。(3)(4)ある機能に限定された道具やおもちゃのみ子どもに与えつづけていると、子どもが本来持つ、ものごとを象徴化する能力を損ねてしまう危険性がある。

---

7 世界を**象徴化**することを学ぶことが大事

← そのために遊びが大事

← **象徴化**を助ける遊びをするのがよい

← 「遊びながら○○を覚えます」…「よい遊び」か ← **否定**

8 具体例 **遊びの五原則**

1 遊びは楽しくなければならない。

2 遊びはそれ自体が目的であるべきで、何か他の目的(例えば、文字を読むため、英語を話せるようになるため)であってはならない。

3 遊びは遊ぶ人の自発的な選択によるものでなければならない。

4 遊びは遊ぶ人が能動的に関わらなければならない。遊ばせてもらっていたら遊びではない。

5 遊びは現実から離れたもので、演技のようなものである。子どもが何かの「ふり」をしていたらそれは遊びである。

← **9** 「遊び感覚で○○を学ぶ」のはほんとうの遊びか考えるべき

10 創造性につながる「**象徴**」…モノの特徴にとらわれず、違う役割を与えたり、違う見方をしたりできる

↔ 機能が限定された道具は象徴能力を損ねる

それを示すこのような研究がある。

11 (3)(4)子どもを二つのグループに分け、ひとつのグループには答えがひとつに決まってしまう遊び道具を与え、もうひとつのグループには「正しい答え」がない遊び道具を与えた。〈中略〉目的非限定の道具で遊んでいた子どもたちはバリエーションに富む様々な構造をつくることができ、それぞれに独創的な名前をつけることができた。試行錯誤を繰り返し、飽きることもなかった。反対に、目的限定の道具を与えられた子どもたちは、行き詰まるとそこで思考停止状態になってしまい、何度も同じことを繰り返していた。あきらめるのも早かった。

12 この研究はどのようなおもちゃを選ぶかということだけではなく、子どもの遊び全般に対して大切なことを教えてくれる。〈中略〉「脳に刺激を与えるおもちゃ」とか「脳が活性化するおもちゃ」というようなうたい文句が書いてあったら、買う前にちょっと考えてみてほしい。そのように一時的に脳(とくに前頭葉)を活性化させることが、知性の発達や情動の発達に長期的に役立つという証拠は存在しないのである。

13 おもちゃを選ぶときには、子どもがすぐに飛びつくかということではなく、そのおもちゃを子どもが使う中でどのくらい、いろいろなことを試し、象徴化し、創造の羽をはばたかせられるのかということを考えてほしい。子どもがすぐに夢中になってもすぐに飽きてしまうおもちゃや、一度あるやり方で完成させると他のやり方を考える必要がないおもちゃ、音や動きの刺激が次々と繰り出され、子どもに考える余地を与えないおもちゃは、想像力をかき立てることがあまりなく、創造性を育むことにはつながらないだろう。

14 よい絵本も同じだ。子どもは毎日違う絵本を読んでもらうことよりも、好きな絵本を繰り返し読んでもらうことを好む。同じお話を何度も聞くことはとても大事だ。毎回ちょっとずつ違う気持ちで同じお話を聞き、すこしずつ違う発見をする。超一流の達人は自分が極めようとすることを常に新しい視点で新しい工夫をしながら続けることができる人である。そのことの萌芽が、ここで生まれるのである。

---

11 具体例 子どもの遊びについての研究

・目的非限定の道具で遊んでいた子どもたち
…バリエーション・独創的・試行錯誤・飽きない

↔

・目的限定の道具を与えられた子どもたち
…行き詰まると思考停止状態・同じことを繰り返す・あきらめるのも早い

12 ←「脳に刺激を与えるおもちゃ」「脳が活性化するおもちゃ」
→一時的に脳(とくに前頭葉)を活性化させることが、知性の発達や情動の発達に長期的に役立つという証拠は存在しない

13 ・おもちゃを選ぶとき…想像力・創造性を育むものかを考える

14 ・絵本を読むとき…同じお話を何度も聞くことはとても大事

←「自分が極めようとすることを常に新しい視点で新しい工夫をしながら続けること」の萌芽が生まれる

結論 想像力・創造性を育む遊びが、新しい視点・工夫の継続力を生む。

全体の段落構成

1~4 前提 知性の発達の根幹は象徴能力
↓
5~9 本論1 遊びは象徴能力を育む
↓
10~12 本論2 機能が限定された道具は象徴能力を損ねる
↓
13・14 結論 想像力・創造性を育む遊びが、新しい視点・工夫の継続力を生む

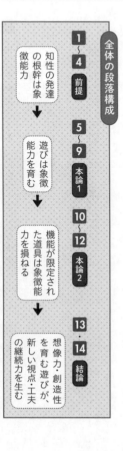

解答

(1) **イ・ウ**

(2) (例) 象徴能力は遊びを通じて発達していくので、象徴化を助ける「よい遊び」とは何かを考える必要があるということ。(52字)

(3) A **イ**　B **エ**

(4) **ア・エ**

(5) **ア**

解説

(1) 筆者は、傍線部①で「象徴」ということばについて筆者の考える本来の意味を説明している。それに合うものを選ぶことに注意する。**ア・エ・オ**の文は、「努力」「ずるがしこさ」「愛情」という抽象的な概念を「筋肉」「キツネ」「手づくりのマフラー」という具体物に代表させている内容のため不適。**イ・ウ**の文は、「ひまわり」「キツネ」という具体から「黄色」「ふわふわしたしっぽ」という情報のエッセンスを取り出している内容のため適当。

(2) 設問に「これより前で説明された」とあるので、**1**～**9**段落で述べられている「象徴能力を育むために知っておいてほしいこと」を読み取る。筆者は**5**・**6**段落で、具体例「ごっこ遊び」を挙げて「ことばと象徴能力は遊びを仲介にしていっしょに発達していく」ことを説明している。それを受けて**7**段落で「世界を象徴化することを学ぶことが大事で、そのために遊びが大事なのなら、象徴化を助ける遊びをするのがよいと考えるのは自然なこと」とした上で、「そういう(=「遊びながら○○を覚えます」とうたった)『遊び』が子どもの知的能力を発達させる『よい遊び』なのだろうか」という疑問を提示し、**8**段落で挙げた具体例「遊びの五原則」を踏まえて「よくあるような『遊び感覚で○○を学ぶ』のはほんとうの遊びか……考えるべき」(**9**段落)という考えを述べている。よって、筆者が一つ目に説明していた「象徴能力を育むために知っておいてほしいこと」とは、〝象徴能力は遊びを通じて発達していく〟ため、〝象徴化を助ける「よい遊び」とは何かを考える必要がある〟ということだとわかる。

(3) A・Bのある**11**段落で示されている具体例研究は、「創造性につながる『象徴』というのは目の前にしているモノの特徴にとらわれず、それに違う役割を与えたり、違う見方をしたり」できることや、「ある機能に限定された道具やおもちゃのみ子どもに与えつづけていると、……ものごとを象徴化する能力を損ねてしまう」(**10**段落)ことを示している。Aのあとには「バリエーションに富む様々な構造をつくることができ、それぞれに独創的な名前をつけ……飽きることもなかった。」とあり、Bのあとには「行き詰まるとそこで思考停止状態になってしまい、……あきらめるのも早かった。」とあることから、Aには「『正しい答え』がない遊び道具」＝「目的非限定の道具」、Bには「答えがひとつに決まってしまう遊び道具」＝「目的限定の道具」が入るとわかる。

(4) □のあとに「想像力をかき立てることがあまりなく、創造性を育むことにはつながらない」とあり、「答えがひとつに決まってしまう遊び道具」に該当するものが入るとわかるので、適切でないものは「『正しい答え』がない遊び道具」(**11**段落)に該当する**ア・エ**。

(5) **ア**は、**7**段落や**12**段落で述べられている筆者の考えと合致する。**イ**は、**2**段落で一般的な「象徴」の用法と意味を否定してはいるが、その認識を正すことを主張の根拠としてはいない。**ウ**は、「よい遊びとそうではない遊びは原理的に区別できない」とは述べていない。**エ**は、「大人になってもおもちゃや絵本で遊ぶことが重要」という指摘はしていない。

3

日用品の文化誌

柏木　博

本文⊕10～13ページ

本文図解

※問題を解く上で関連する箇所に小問の番号を付しています。

1 通信販売のための情報もふくめて、カタログという道具には、特有な情報のあり方、知の形式があるように思える。それは、商品の世界であれ、ものの世界であれ、カタログは、膨大な情報を圧縮している。カタログは、世界を編集し、また情報の断片として並置し、圧縮してしまうような知の形式によっていると言えるだろう。

2 たとえば、シアーズ・ローバックは、早い時期から通信販売用の情報カタログを刊行したことで知られる。(1)シアーズ・ローバックのカタログは、それを単に商品情報のリストとして使用する人々にとっては、魅力的な商品カタログでしかないかもしれない。しかし、それは、そうした本来の機能とは別に、アメリカの消費社会がどのようなものであるのかを示すカタログとして読むこともできる。

3 実際、ロシア人に送りたい書籍は何かという問いに、フランクリン・D・ルーズヴェルトは、シアーズのカタログであるとこたえたと言われている。〈中略〉

4 シアーズの巨大なカタログにかぎらず、わたしたちは日常的にカタログ形式に加工された情報（道具）を使っている。〈中略〉(1)そうした道具からも、わたしたちは、文化的特性の一面を読むことができるだろう。日用品のカタログは、道具を情報化した道具である。道具を知るための道具だとも言える。こうしたカタログという道具にはいったいどのような特性があるのだろうか。

---

1 カタログという道具…膨大な情報を圧縮
　→世界を編集し、情報の断片として並置し、圧縮するような知の形式による

2 具体例 シアーズ・ローバックのカタログ
　＝
アメリカの消費社会を示すカタログ

3
・フランクリン・D・ルーズヴェルト
　…ロシア人に送りたい書籍
・R・S・テドロー『マス・マーケティング史』
　…一九世紀末から第二次世界大戦までのアメリカ人の豊かさを一冊で見事に表現したドキュメント

4 日用品のカタログ＝道具を情報化した道具
　→文化的特性の一面を読むことができる

問題提起 カタログという道具にはどのような特性があるのか

5 日本では「型録」という、なかなか巧みな漢字を当てている。カタログの語源はギリシャ語のカタロゴス「完全に数えあげる」から出ていると言われている。

6 〈中略〉ミシェル・フーコーは『言葉と物』の中で指摘している。(2)カタログの記述は、線的な記述ではなく、あらゆるものを並置する記述である。「世界全体を直線運動の法則で律することがついに不可能だとわかり、動植物の複雑性が延長をもつ実体の単純な形式にじゅうぶんな抵抗を示したあとでは、自然の不思議なゆたかさがあきらかになるのは当然のことであった」とフーコーは述べている。そして、(2)物と物とが並置されるような博物学的な思考と記述が成立し、カタログや類集そして目録が作成されるようになったのだとフーコーは指摘している。

7 フーコーが指摘する博物学的な知のあり方とどこかで重なりあっているのは、蒐集(コレクション)にかかわる情報である。フーコーの影響を受けていると思われる歴史家のクシシトフ・ポミアンは『コレクション』の中で、コレクションされた品物の目録についてふれている。目録の作成は、コレクションが競売の対象となったことと関連している。〈中略〉競売カタログの出現によって、情報は地域的なものでなくなり、しだいに国際化されるようになったとも述べている。

8 また、(3)「世界の縮小型を提示し、人の目から隠された全体を、生物や物の各範疇の見本によって目に見えるものとするという、百科全書的目的をもったコレクション」を見せようとするものが出てきたとポミアンは言う。コレクションのカタログ同様、一八世紀の百科全書もまた、マクロな世界を情報化(ミクロ化)して所有し、移動できるようなカタログにしたのだとも言えるだろう。重要なことは、そうした世界のカタログは線的な形式で語るのではなく、フーコーが指摘しているように情報を並置していることである。それは、あらゆる事象を等価な情報とすることでもある。〈中略〉

---

5 カタログの語源…ギリシャ語のカタロゴス「完全に数えあげる」

6 カタログ的な記述の広がり

具体例 ミシェル・フーコー『言葉と物』

「世界全体を直線運動の法則で律すること」→不可能

↓

物と物とが並置されるような博物学的な思考と記述が成立

↓

カタログや類集、目録が作成される

7 博物学的な知のあり方←→重なりあう

…蒐集(コレクション)にかかわる情報

具体例 クシシトフ・ポミアン『コレクション』

・コレクションされた品物の目録の作成＝競売カタログの出現

…情報の国際化

8 百科全書的目的(＝世界の縮小型を提示し、全体が見えるようにする)をもったコレクションのカタログの出現

具体例 一八世紀の百科全書

マクロな世界を情報化(ミクロ化)して所有し、移動できるカタログ

↓

情報の並置(←→線的な記述)

＝

あらゆる事象を等価な情報とする

9 一八九三年にシアーズは、時計だけではなく、ミシンや食器や衣料品そして銃器を通信販売するためのカタログを刊行する。〈中略〉商品カタログはあらゆる人々が市場になる消費社会のための道具として機能した。したがって、商品カタログが、アメリカの消費社会そのもののカタログとなったのである。その結果、シアーズ・カタログは、アメリカという世界をミクロ化した道具となったからこそ、ルーズヴェルトは、それをアメリカを知る百科全書としてあげたのである。

10 情報を電子化すれば、現在のインターネットによる情報リストや通信販売と形式的には変わらない。カタログは、通常の書籍と異なって、情報が線的に構成されているのではなく、むしろ、空間的に並列されている。したがって、シアーズのカタログは、いわば、百貨店の空間と商品を情報に変換したようなものだと言える。〈中略〉

11 ここで、カタログの特性にもどって、その機能を繰り返して言えば、それは、(4)マクロな世界を情報化(ミクロ化)し、つまり道具の形態にしたものである。マクロな現実世界とミクロな情報世界(加工され、道具として利用し、把握できる世界)という関係がそこにはある。したがって、現実の世界が変化すれば、カタログ(情報世界)も変化するという関係がそこにはあるということになる。このことは、百科全書においても同様である。

12 ところが、(5)情報化されたカタログ世界、つまりミクロ化された世界を意図的に組み替え変化させることで、現実のマクロな世界を変化(変革)できるのではないかという、いわば現実とカタログの関係を逆転する試みが出現する。この試みは、平板な言い方をすれば、現実とメディアの関係の逆転として考えれば、現在では日常的に行われていることだとも言えよう。メディアにおける言説によって現実世界は変化するというわけだ。

13 そうした意味で興味深いのは、一九六八年に出版された『ホール・アース・カタログ』である。〈中略〉

14 このカタログは一九六八年から七五年まで刊行されることになる。『ホール・

---

9 具体例 シアーズの一八九三年のカタログ
あらゆる人々が市場になる消費社会のための道具
＝アメリカという世界をミクロ化した道具

10 **情報を、線的ではなく、空間的に並列**
…百貨店の空間と商品を情報に変換したようなもの
→消費社会そのものを映し出す

11 カタログの特性
マクロな世界を情報化(ミクロ化)＝道具の形態にしたもの
…現実の世界が変化すれば、カタログ(情報世界)も変化するという関係

マクロな現実世界…変化
圧縮
ミクロな情報世界(＝カタログ)…変化

12 ところが
現実とカタログの関係を逆転する試みの出現

13 具体例 『ホール・アース・カタログ』(一九六八年〜七五年)

14 「装置(デヴァイス)を評価したり利用(アクセス)したりする機能をはたす」と自称

アース・カタログ』には、このカタログの機能について、装置（デヴァイス）を評価したり利用（アクセス）したりする機能をはたすものであると書かれている。〈中略〉

15 B4サイズ、およそ四五〇ページの『ホール・アース・カタログ』の体裁と、こうした説明を見る限り、このカタログもまた、『シアーズ・カタログ』のような通信販売のカタログと同じように思われる。しかし、シアーズ・カタログとまったく異なっているのは、(6)生活を自ら主体的に構成するべきことを提案している点である。『ホール・アース・カタログ』は現に存在している道具や装置による物質的環境を全面的に否定してしまうのではなく、その(6)物質的環境を自らの必然性によって、いわば編集しなおそうとしたと言えるだろう。

16 『ホール・アース・カタログ』の副題に「道具の利用（アクセス）」とあるように、スチュアート・ブランドは道具環境へ批評的にアクセスしようとした。(6)道具環境を批評的に編集しなおすことによって、現にある生活環境はまったく異なったものになるはずである。〈中略〉

17 「全体的システム」の項目は、まずバクミンスター・フラーの著作の紹介から始まる。〈中略〉

18 『ホール・アース・カタログ』は、消費社会が生みだした膨大な商品を、あるべき自らの生活という視点から見直し、カタログという実践的な情報メディアにした。この考え方は、〈中略〉器用人（ブリコール）の考え方にちかいものであったとも言えるだろう。〈中略〉

19 いずれにしても、重要なことは、世界とそれを情報化（道具化）したものとの反転を意図的に試みたことである。つまり、(6)カタログは、世界を知る道具である。それは、現実世界（マクロコスモス）を圧縮したミクロコスモスでもある。そのミクロコスモスを編集しなおす（解釈しなおす）ことによって、マクロコスモスとしての現実世界を変化させる可能性があるということだ。カタログは、かつての百科全書と同様に、そうした可能性を持った道具になりうるのである。

---

15 『シアーズ・カタログ』のような通信販売のカタログ
生活を自ら主体的に構成するべきことを提案 ←→ まったく異なる点
…物質的環境を自らの必然性によって編集しなおす試み

↓

16・**17** 道具環境を批評的に編集しなおす→生活環境の変化

18 ＝膨大な商品を、あるべき自らの生活という視点から見直す

↓

19 世界とそれを情報化（道具化）したものとを反転するという意図的試み

現実世界（マクロコスモス）…変化
圧縮
情報世界（ミクロコスモス）…変化
編集しなおす

↓

結論 ミクロコスモス（＝情報世界＝カタログ）を編集しなおすことで、マクロコスモス（現実世界）を変化させる可能性がある。
＝カタログの可能性

全体の段落構成

- 1～4 問題提起：カタログの特性とは
- ↓
- 5～11 本論1：カタログは現実世界を情報化した道具
- ↓
- 12～18 本論2：現実世界とカタログの関係を逆転する試み
- ↓
- 19 結論：カタログは現実を変化させる可能性を持つ

解答

(1) (例)商品情報のリストであるカタログからは、その商品に魅力を感じて消費する社会の文化的特性を読み取ることもできるから。(56字)

(2) (例)世界全体を直線運動の法則で説明するのではなく、あらゆるものを並置させて理解しようとする考え方。(47字)

(3) **ウ**

(4) A **カ**　B **ウ**

(5) **オ**

(6) (例)(『ホール・アース・カタログ』は、)道具環境への批評的なアプローチとして編集することを通じて、現実世界を主体的に構成しなおすことを提案したということ。(57字)

解説

(1) 「文化」という言葉を手がかりにすると、**4**段落に、「そうした道具(＝日常的に使っているカタログ形式の情報)からも、……文化的特性の一面を読むことができる」とある。**4**段落は、具体例「シアーズの巨大なカタログ」と同様に使われる日用品のカタログについて述べられているので、〝カタログからは消費社会の文化的特性を読み取ることができる〟という文脈をつかむことができる。傍線部①の「消費」は、**2**段落にあるように人々が「商品情報のリスト」の商品に「魅力」を感じてする行為なので、シアーズのカタログの本来の機能も踏まえてまとめる。

(2) 傍線部②の前に「フーコーが指摘する」とあるので、**6**段落の具体例フーコーの指摘に注目すると、「物と物とが並置されるような博物学的な思考」とある。「並置」という言葉を手がかりに、「線的な記述ではなく、あらゆるものを並置する記述」「世界全体を直線運動の法則で律することがついに不可能だとわかり」といった部分の表現を用いてまとめる。

(3) 傍線部③の直後に「のだとも言える」とあり、前の内容を言い換えているとわかる。前には具体例ポミアンの、「世界の縮小型を提示し、人の目から隠された全体を、生物や物の各範疇の見本によって目に見えるものとする」という引用がある。この内容を説明しているのは**ウ**。

(4) 空欄前後の文脈から判断する。空欄Aの直前に「したがって、」とあるので、その前を見ると、「カタログの特性」について、「マクロな世界を情報化(ミクロ化)し、つまり道具の形態にしたもの」と説明されている。また、あとの**12**段落で、空欄を含む文の「関係」の「逆転」として、「情報化されたカタログ世界、つまりミクロ化された世界を意図的に組み替え変化させることで、現実のマクロな世界を変化(変革)」するという関係について述べられている。よって、Aには**カ**「現実の世界」、Bには**ウ**「カタログ(情報世界)」が入る。

(5) 傍線部④は同じ段落の「情報化されたカタログ世界……現実のマクロな世界を変化(変革)」するという関係を「現実とメディアの関係」に置き換えたもの。よって、**オ**が適切。

(6) 具体例『ホール・アース・カタログ』は、「現実とカタログの関係を逆転(＝反転)する試み」(**12**段落)の具体例である。筆者はこのカタログについて、「生活を自ら主体的に構成するべきことを提案している」「物質的環境を自らの必然性によって、いわば編集しなおそうとした」(**15**段落)、「道具環境を批評的に編集しなおすことによって、現にある生活環境はまったく異なったものになる」(**16**段落)と説明した上で、**19**段落で「カタログは、……現実世界(マクロコスモス)を圧縮したミクロコスモスでもある。そのミクロコスモスを編集しなおす(解釈しなおす)ことによって、マクロコスモスとしての現実世界を変化させる」と述べている。これらをもとにまとめる。

4 言語存在論

野間 秀樹

本文⇩14〜18ページ

本文図解

※問題を解く上で関連する箇所に小問の番号を付しています。

1 〈話されたことば〉が実現するとき、そこで発せられたことばがもたらす、〈話し手自身という聞き手〉にとっての意味と、〈他者たる聞き手〉にとっての意味は、自ずから異なって実現し得る。少なくともそう考えるのが、自然であろう。二つの原理的な条件がそうさせる。

2 一つは、(3)〈話し手自身という聞き手〉と、〈他者たる聞き手〉という、二重の聞き手の間の、時間的、空間的な距離の存在である。腕枕で寄り添う相手に語りかけるときも、レストランの同じ食卓で話していても、話し手と聞き手の間にはごくごく微細にせよ、物理的な隔たりが存在する。同じく〈いま・ここ〉のものであると、生理的には感じられる〈話されたことば〉の実現には、微細に見ると、原理的にこうした物理的な隔たりが存在している。学校の教室での講義も、大きな会場の講演も、物理的な隔たりは存在し、さらに大きくなる。時間の隔たりが感じられないようなこうした言語場でも、空間的には明らかな隔たりが、話し手にも聞き手にも見えている。携帯電話やインターネット越しに話しているのであれば、こうした物理的な隔たりはいよいよ大きい。私たちは、相手の声が時間的に一瞬遅れて聞こえてくる、などということもしばしば経験したであろう。こうした場合にはことばの実現そのものが時間的な〈遅延〉となって顕在化する。(3)テクノロジーによって、〈話し手自身という聞き手〉と、〈他者たる聞き手〉の間のこうした時間的、空間的な距離は、今日いくらでも引き

---

1 〈話されたことば〉が実現するとき

主張
〈話し手自身という聞き手〉にとっての意味
〈他者たる聞き手〉にとっての意味
⇣異なって実現し得る

➜二つの原理的な条件による

2 **原理的な条件①**

〈話し手自身という聞き手〉と、〈他者たる聞き手〉という、二重の聞き手の間の、時間的、空間的な距離

具体例
・腕枕で寄り添う相手に語りかける
・レストランの同じ食卓で話す
…物理的隔たりは微細だが存在する

具体例
・学校の教室での講義
・大きな会場の講演
…物理的隔たりは大きくなる

具体例
携帯電話やインターネット越しの会話
…物理的な隔たりはいよいよ大きい

延ばすことができる。ここで重要なことは、(1)〈話されたことば〉にあっては、もともと原理的に〈話し手自身という聞き手〉と、〈他者たる聞き手〉という、二重の聞き手が存在しており、そこには時間的、空間的な隔たりが存在していて、それら隔たりが常に可変的であるということにある。(3)テクノロジーによる時空の隔たりの極大化は、もともと隔たりが存在するという存在論的な現実に、基礎づけられているのであって、隔たりそれ自体をテクノロジーが創り出したわけではない。

3 言語場におけるこうした時間的、空間的な隔たりの原理的な存在は、〈話し手自身という聞き手〉にとっての意味と、〈他者たる聞き手〉にとっての意味が、自ずから異なって実現し得る、言語場における物理的な基礎となる。ざっくばらんに言ってしまえば、時間的にも空間的にも異なった位置で、異なった個人たちが聞くのだから、ことばの意味も異なっていて、何の不思議もない。むしろ全く同一であることが、原理的には難しい。ことは〈書かれたことば〉であれば、いっそうはっきりと確認できるであろう。ここではこうした原理的な隔たりを確認し、隔たりの拡張をめぐる問題は後に論ずることにする。

4 〈話されたことば〉が実現するとき、そこで発せられたことばがもたらす、〈話し手自身という聞き手〉にとっての意味と、〈他者たる聞き手〉にとっての意味を、自ずから異なって実現せしめる、今一つの決定的な原理的条件は、他ならぬ話し手と聞き手という、異なった主体の存在に求められる。ここでもざっくばらんに言えば、(4)人が異なるのだから、受け取る意味も異なるだろうということになる。この原理的条件こそ、〈人が異なるのに、全く同一の意味が実現する〉などという言説の、理論的な根拠も、実践的な拠り所も、放逐してしまう。話し手と聞き手の個体の違いは、ありとあらゆる個人史の違いに支えられて、個々人の言語を異なったものとして造り上げ、つまりコードもまた様々な偏差を本質的に含んだ、異なったコードとして働かしめ、言語をめぐる様々な諸条件も異ならしめる。

5 あるたった一つの単語から立ち現れる意味でさえ、同一である保証はない。

← 〈話されたことば〉

…二重の聞き手（もともと原理的に存在）

〈話し手自身という聞き手〉↔〈他者たる聞き手〉

時間的・空間的隔たり…可変的

3 言語場における時間的・空間的な隔たりの原理的な存在

…〈話し手自身という聞き手〉にとっての意味

〈他者たる聞き手〉にとっての意味

↓異なって実現し得る

このことの、言語場における物理的な基礎となる

4 **原理的な条件②**

話し手と聞き手という、異なった主体の存在

…人が異なるのだから、受け取る意味も異なる

←〈人が異なるのに、全く同一の意味が実現する〉← 否定

5 一つの単語から立ち現れる意味も同一である保証はない

具体例

- 「メ」「ユビ」（身体名称）
- 「ハハ」「キョーダイ」（親族名称）
- 「ココロ」「ユメ」（目に見えない対象の名称）
- 「ジョーネツ」「カクメイ」（抽象的な単語）
- 自然数の「サン」「シ」などといった概念
- 「シゼンスー」という概念

「メ」「ユビ」といった身体名称でも、「ハハ」「キョーダイ」といった親族名称でも、「ココロ」「ユメ」などという目に見えない対象の名称でも、(1)「ジョーネツ」「カクメイ」などといった抽象的な単語でも、異なった個人の間でやはり同一であると、見ることの方が言語にとっては困難である。自然数の「サン」「シ」などといった概念でさえ、その個人の数学的な経験によって意味するところは、異なり得るであろう。「シゼンスー」などといったが、(2)こんな概念は十全たる意味の実現さえ、いよいよ危ぶまれて来る。まさに曖昧なる意味の実現を日常的に体験することになる。

6 (2)もちろん日常の言語だけではない。〈書かれたことば〉に目を転じるなら、アラン・ソーカルの試みは、一度は触れられてよい。ニューヨーク大学物理学教授であったソーカルは、一九九四年、〈中略〉〈諸境界を踏み越える：量子重力の変形解釈学に向けて〉と題された論文を発表した。そして(1)同論文が実は自然科学の術語や数式などを配した、全く無内容な「疑似論文」であることを、後に公開した。同論文はポストモダニズムと呼ばれる諸論考の多くの引用を組み込んでおり、そうした言説における自然科学的な術語や概念の恣意的な濫用も批判するものであった。このことがもたらした後の大きな一連の出来事を含め、"Sokal affair"(ソーカル事件)などと呼ばれる。

7 社会的に認知された雑誌に投稿されたこの「疑似論文」のテクスト全文が、幾人の人に読まれ、その全てに何らかの意味がそこに実現したかどうかなど、もちろん判るよしもない。しかしながら雑誌の編集に当たっても、そして実際の掲載論文の題名だけ見たとしても、題名に接した少なからぬ人々の間で、ことばが意味とならなかったり、あるいは〈曖昧なる意味〉が立ち現れたりしたであろうことは、想像に難くない。少なくとも、今本書で初めてこの論文の題名に接した人々、初めてではなくとも、うっすらという記憶の中で改めてこの題名に接した人は、まさにそうした〈曖昧なる意味の実現〉を、まさにこの本を読みながら、いま・ここで、体験したであろう。〈朧《おぼろ》げなる意味〉と言ってもよい。ここで本書が仮に付した日本語訳についても、訝《いぶか》しみながら、何となくこんな

6

〈書かれたことば〉

具体例 アラン・ソーカルの試み(ソーカル事件)

一九九四年に論文を発表

→全く無内容な「疑似論文」だと後に公開

{自然科学の術語や数式、ポストモダニズムの論考の引用を組み込んだもの}

7

この論文を読んだ人・雑誌の編集をした人

題名に接した人・本書で日本語訳に触れた人

← 〈曖昧なる意味の実現〉

・ことばが意味とならない
・〈曖昧なる意味〉〈朧げなる意味〉が立ち現れる
・訝しみながら、何となくこんな意味か、と納得
・翻訳自体に疑義を挟む

…意味の実現についての体験

意味か、といった納得をなさったかもしれないし、ここは「踏み越える」じゃなくて、「侵犯する」だろう、ポストモダニズムを装うのだから、などと、翻訳自体に疑義を挟むほどに、意味の実現について瞬間にせよ、あれこれの体験をなさったかもしれない。

8 ここで問うているのは、倫理ではない。言語である。倫理についてはもう多くの論考がある。(5)ここでは、学会誌をめぐる言語場に現れた、こうしたことばを前に、まさに読み手によって異なった意味が実現し得ること、さらには〈曖昧なる意味〉〈朧げなる意味〉が実現し得ることの体験を、分かち合っている。ここで立ち現れる〈意味〉は、まさに個によって異なっている。このことを読者の皆さんはたった今、共にしてくださったであろう。さらに進んで、こうしたことばを前にするとき、「外延的意味」「明示的意味」「文字通りの意味」などと言われる denotation と、「内包的意味」「暗示的意味」「言外の意味」などと言われる connotation の区別さえ、溶解し始めることを、お感じになったかもしれない。そしてそれらの区別さえ、境界付けが本質的に難しいことも、察せられるであろう。

9 ソーカルが問うた言語場は、学術論文をめぐる言語場であったが、ここから詩の言語場はすぐ隣にある。件《くだん》の題名が、詩の雑誌に詩として掲載されていたら、倫理的な問いはおそらく立ち得ない。もちろん文学的評価をめぐる問題が問われることは、あるかもしれない。私たちにとって重要なことは、このことである。学術論文であれ、詩であれ、言語場の違いは、同じことばでも場合によっては直ちに倫理や政治に直結するなど様々だが、〈書かれたことば〉における意味の実現の現実的な機制とありようには、何ら違いはないということ。

10 ことばが意味とならないことから、朧気なる意味となること、そしてはっきりとした意味となること、ことばが意味となる言語場にあっては、こうした〈意味の濃淡〉が立ち現れる。この〈意味の濃淡〉は、個によって異なり得るし、同じ個にあっても、また言語場によって異なり得る。これが意味の実現の現実的なありようである。

8

・読み手によって異なった意味が実現し得る

←

・〈曖昧なる意味〉〈朧げなる意味〉が実現し得る

⇣立ち現れる〈意味〉…個によって異なっている

9

言語場の違い（学術論文・詩など）

…意味の実現の現実的な機制とありようには違いはない

10

〈意味の濃淡〉（朧気・はっきり）

…個によって、言語場によって異なり得る

⇣意味の実現の現実的なありよう

11

ことばの発話者たる話し手や書き手

↔ 意味の立ち現れ方の違い＝言語にとって本質的

ことばの受話者たる聞き手や読み手

時枝誠記の論

発話者を特権的に位置づけ、言語活動を発話者が発話する過程であるがごとくに見る

→

発話者と受話者の間の意味の立ち現れ方の違い・受話者ごとに意味が異なって現れること…位置づけ得ない

批判的に評価

発話者と受話者、受話者間で意味が異なり得る物理的な基礎

・時間的、空間的なずれ、落差（条件1）

・発する主体と受け取る主体の違い＝言語場の構造（条件2）

11 ことばの発話者たる話し手や書き手と、ことばの受話者たる聞き手や読み手の間の意味の立ち現れ方の違いは、言語にとって本質的なものである。このことを、時枝誠記《ときえだもとき》のように、(6)発話者を特権的に位置づけ、言語活動を発話者が発話する過程であるがごとくに見ると、発話者と受話者の間の意味の立ち現れ方の違いも位置づけ得ないし、受話者ごとに意味が異なって現れることも、位置づけ得ない。そこでは受話者は別の発話者、発話者の単なる写しに過ぎなくなってしまう。発話者と受話者の間の意味が異なり、受話者間でもまた意味が異なり得る、その物理的な基礎は、既に述べたように、ことばが発せられ、受け取られる、時間的、空間的なずれ、落差と、発する主体と受け取る主体が異なるという、言語場の構造に規定されている。

12 これまで述べてきた、〈言語場においてことばが意味となる機制〉を纏《まと》めよう：発話者はことばを発する。発話者は発せられたことばに意味を造形し、発せられたことばが意味となることを、誰よりも先に体験する。ここで既に自らのことばへの異議も立ち現れ得る。そして発せられたことば自体は、一旦意味から自由になる。ひとたび意味から解き放されたことばは、可能なあらゆる受話者に開かれている。そしてことばは受話者によって受け取られたとき、受話者に在って新たなる意味となる。受話者が異なれば、立ち現れる意味もまた異なり得る。こうした事態は、〈話されたことば〉と〈書かれたことば〉のいずれにも原理的に違いはない

13 同じことばから、意味はいつも異なって立ち現れる。そしてことばが実現する言語場に着目するなら、世界に二度と同じ言語場はない。かろうじて「同じ」であり得るのは、ことばそのものだけなのである。

---

12 〈言語場においてことばが意味となる機制〉の纏め

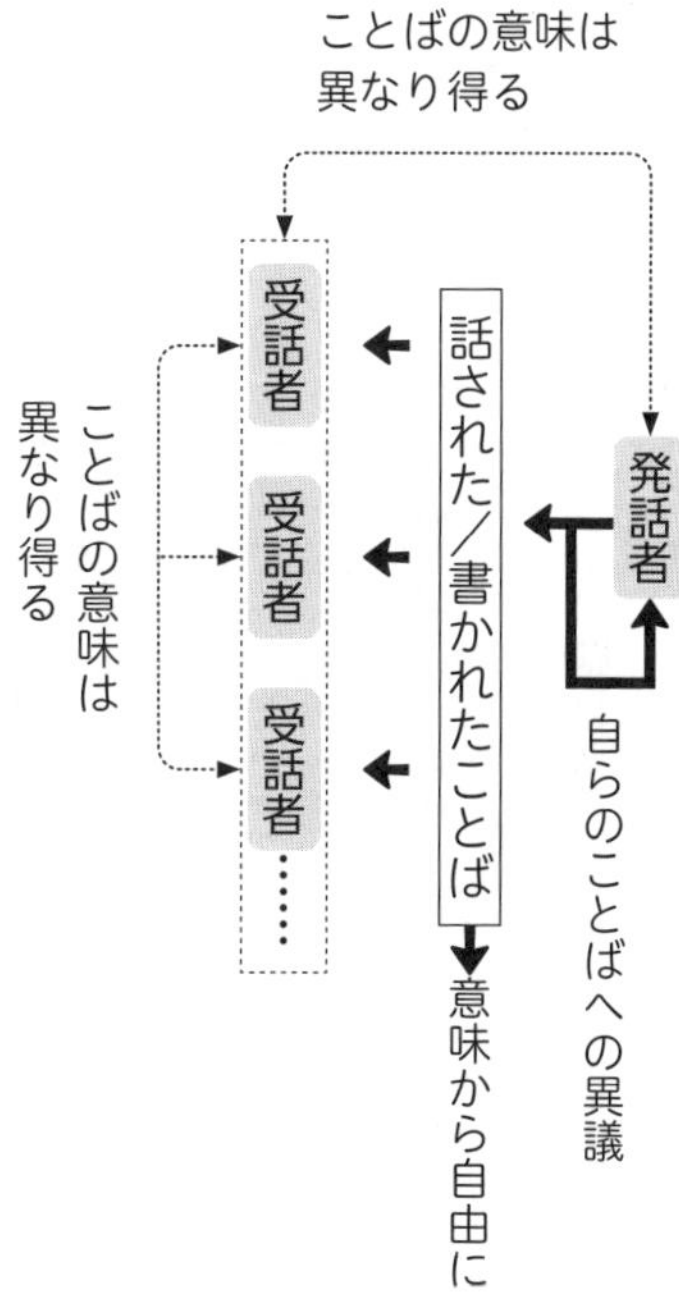

13 結論

同じことばから、意味はいつも異なって立ち現れる。世界に二度と同じ言語場はない。「同じ」であり得るのは、ことばそのものだけ。

全体の段落構成

- 1 主張：ことばは、話し手と聞き手とで意味が異なる
- ↓
- 2・3 本論1：時間的、空間的な距離の存在
- ↓
- 4～11 本論2：主体の違い（言語場の構造）
- ↓
- 12・13 結論：「同じ」であり得るのは、ことばそのものだけ

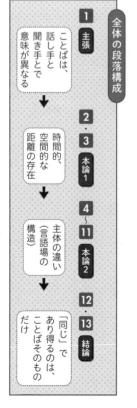

解答

(1) Aキ　Bオ　Cケ
(2) ウ
(3) (例)〈話し手自身という聞き手〉と〈他者たる聞き手〉がいることによって存在していた、両者間の時空の隔たりの極大化という事態。(59字)
(4) ア
(5) イ
(6) (例)(言語場で発話者を特権的に位置づける見方においては、)言語の意味の立ち現れ方の違いを無視することになり、受話者は発話者の発した意味を受け取って表すだけの存在と位置づけられるということ。(65字)
(7) イ・エ

解説

(1) [A]の前で「腕枕……レストランの同じ食卓で話して」、「学校の……講演」、「携帯電話……話している」という具体例を挙げ、隔たりが大きくなっていくことを説明している。よって、変化し得るという意味の**キ**「可変的」が適切。[B]の前に「『ジョーネツ』……などといった」とあるので、これらの語を形容する**オ**「抽象的」が適切。[C]は、具体例「アラン・ソーカル」の「疑似論文」について述べた部分にある。この「疑似論文」は「自然科学の術語……を配した、全く無内容な」ものであり、「ポストモダニズムと……引用を組み込んで」いる。[C]の前後に「そうした……概念の」「濫用も批判する」とあることから、論理的な必然性がないことを意味する**ケ**「恣意的」が入る。

(2) 挿入する文が「まさに」で始まっていること、「曖昧なる意味の実現を日常的に体験する」とあることから、このような体験が具体的に書かれている部分のあとに入る。**5**段落で「メ」「ユビ」などといった具体例を挙げて「〈曖昧なる意味の実現〉」について説明しており、**6**段落に「もちろん日常の言語だけではない」とあることから、**ウ**が適切。

(3) 傍線部①のあとに、「こうした物理的な隔たりはいよいよ大きい」とある。「こうした」が指しているのは、**2**段落の冒頭で述べられている「〈話し手自身という聞き手〉と、〈他者たる聞き手〉という、二重の聞き手の間の、時間的、空間的な距離」のことである。同じ段落内に「テクノロジーによる時空の隔たりの極大化は、……創り出したわけではない」とあることを踏まえて、指定字数内でまとめる。

(4) [X]を含む文の前の「人が異なるのだから、受け取る意味も異なる」という内容を否定する文脈なので、反対の内容である**ア**が適切。

(5) 傍線部②は具体例「ソーカル事件」について言っており、筆者はこの事件を「書かれたことば」における「曖昧なる意味の実現」の実例として挙げている。つまり、「疑似論文」であることの倫理性を議論したいのではない、と述べているのである。よって、適切なものは**イ**。

(6) 直前の「そこ」の指示内容に注目すると、傍線部③で述べているのは、「発話者を特権的に位置づけ」る見方においては、「発話者と受話者の間」や「受話者ごと」の「意味の立ち現れ方の違い」を無視することになり、受話者が発話者の「単なる写し」＝〝発話者の発した意味を受け取って表すだけの存在〟と位置づけられる、ということである。この内容をまとめる。

(7) **ア**は**4**段落以降の説明と合致する。**イ**は「テクノロジーが……解消している」という部分が**2**段落の内容と合致しない。**ウ**は**6**～**8**段落の内容と合致する。**エ**は「受話者が……初めて生じる」という内容は本文にないため合致しない。**オ**は**11**段落の内容と合致する。**カ**は「話す」「聞く」と比べて「書く」「読む」の発話者・受話者の時間的・空間的距離は遠いといえるので、筆者の主張と合致する。正解は**イ・エ**。

5

なぜ「自由」は不自由なのか——現代リベラリズム講義

仲正 昌樹

本文⇩19〜21ページ

本文図解

※問題を解く上で関連する箇所に小問の番号を付しています。

1 「自由主義」というのは、各人が「自由に生きる」ことのできる社会を理想とする思想である。では、何故、「自由に生きる」ことが理想なのか？　ごく常識的に考えれば、「各人が自由に生きることを欲しているから」というのが、その答えだろう。しかし、本当にそうだろうか？

2 (2)私たちの多くが、「幸福に生きる」には「自由」が不可欠だと考えているのは確かだが、どうして「幸福」と「自由」が結び付くのだろうか？〈中略〉

3 一八世紀から一九世紀への変わり目の時代を生きた英国の政治思想家ベンサムは、経済活動の自由や表現の自由、信教の自由など、各種の市民的自由の確立に力を注ぐ一方で、各人が感じる幸福の総和を最大化することを図る「功利主義」を、「統治」の原理として提唱した。通常の「自由主義」は、幸福は極めて主観的なものであるので、何を幸福と見なすかは、各人の自由に任せるしかないというスタンスを取るが、ベンサムの「功利主義」は、「幸福」は「快楽」という形で客観的に計量化することが可能である、という前提から出発する。計量化された「快楽」の計算に基づいて合理的な統治を行なうことが可能であり、かつそうした統治を追求すべき、という立場である。

4 この考え方は、国家が人々にとっての「幸福の状態」を定義し、それを各人が抱く欲望と一致させるべく、様々な矯正策を講じるということをも含意している。実際、ベンサムは、独房に差し込んでくる光の角度を調整して、囚人た

1・2 「自由主義」＝「自由に生きる」ことを理想とする思想

根拠（理由）　「幸福に生きる」には「自由」が不可欠

問題提起　各人は本当に「自由」に生きることを欲しているのか。
（＝自由に生きることが幸福なのか、
自由であることは幸福になるための必須条件なのか。）

3 英国の政治思想家ベンサムが「功利主義」を提唱
→各人が感じる幸福の総和を最大化することを図る
「幸福」＝「快楽」という形で客観的に計量化できる
→計算に基づいて合理的に統治を行なえる

4 「功利主義」では、国家が「幸福の状態」を定義し、各人の欲望と一致させるべく様々な矯正策を講じる

具体例　パノプティコン（全展望監視装置）

筆者の主張　パノプティコン化された社会で、各人の欲望を国家の目標である「最大多数の最大幸福」と一致させられれば、「自由」の権利を保障する意味はなくなる。

ちに「いつどのような相手に監視されているか分からない」という意識を抱かせ、自分の行動を自発的に規律するように仕向ける「パノプティコン（全展望監視装置）」と呼ばれる建築構造上の特徴を備えた監獄を構想し、それを社会統制の方法として一般化することを提案している。パノプティコン化された社会において、各人の欲望を、国家が全体の目標として追求する「最大多数の最大幸福」と一致させることができるとすれば、「自由」を個人の権利として保障することに実質的な意味はなくなる。

5 パノプティコンのような監視・統制装置を社会全体にはりめぐらそうとすれば、それに抵抗を覚える多くの人たちに対して、かなり強引な、暴力を伴うような措置を取らざるを得ないことになると思われる。そうなると、諸個人の「自由意志」と真っ向から衝突することになるし、快楽よりも不快の総量が上回ってしまって、本末転倒になる可能性もある――〈中略〉そのため功利主義的な考え方は、福祉や公共事業など特定の公共政策の策定に際して応用されることは多いが、現実に存在する一つの国家の包括的な統治原理として採用されることはなかった。

6 しかし、ここ数年日本の思想論壇の一部でアーキテクチャー論という形で、功利主義的な統治の実現可能性が論じられている。「アーキテクチャー」とは「建築」あるいは「構造」を意味する英語だが、この場合は、(3)人々が社会的に望ましくない行動を取るのを技術的に不可能にする環境の「設計」を意味する。

【中略】（**6** アーキテクチャーが現実化されている身近な例 **7** 日常生活におけるアーキテクチャー）

8 アーキテクチャーは、「法」による規制とは違って、言語を介して人間の意識に働きかけることが不要だとされている。「法」を利用する場合、人々に法の意義を説いて遵法へと呼びかけ、違法行為と思われる事態が生じた場合、法の解釈をめぐって裁判で争うといった手間がかかる。「法」は、従うか従わないか、従うにしても、具体的にどういう行動を取るのかという選択をその都度各人の「自由意志」に委ねるので、効率が悪く、面倒くさい。(3)個人の意識と

---

5 パノプティコンのような監視・統制装置を社会全体にはりめぐらそうとすれば、強引かつ暴力的措置を取らざるを得ない
← そうなると
・諸個人の「自由意志」との衝突が起きる
・快楽よりも不快の総量が上回る可能性がある
← そのため
現実の国家の包括的な統治原理としては採用されなかった

6 **アーキテクチャー**論 → 功利主義的な統治の実現可能性
→ 人々が社会的に望ましくない行動を取るのを技術的に不可能にする環境の「設計」
具体例 ネットやテレビ等の情報の不正コピー防止のための「設定」
有害情報へのアクセス制限　など

7 日常生活でもアーキテクチャー的な規制がなされている
具体例 映画館やコンサートホールの妨害電波
飲酒運転防止のためのアルコール検知装置

8 アーキテクチャー → 言語を介しての働きかけが不要
＝エネルギーを節約し不快感を減らせる
「法」 ←→ → 遵法への呼びかけ、解釈をめぐる裁判
＝「自由意志」に委ねるため、非効率で面倒くさい

9 現在のアーキテクチャーは可視的なもの
→ 不可視なものだと、それに気付いたとき不快感を覚える人が出る
↔ しかしながら

は関係なく、物理的環境だけを制御するアーキテクチャーでは、そういう人間的な面倒くささが省かれ、その分だけ、統制する側／統制される側双方にとって、エネルギーを節約し不快感を減らせる可能性がある。

9 現在話題になっているようなアーキテクチャーのほとんどは、多少なりとも注意して観察していれば、どのようにして我々の行動を制御しているのか見て取れる、可視的なものである。そうでなかったら、専門的な技術者でもない文系知識人が論壇で話題にすることなどできないだろう。「気付かないうちに管理されていた」ということに気付けば、不快感を覚え、抵抗する人が出てくる。しかしながら、〝我々〟がアーキテクチャーの作り出す〝悪いことができない環境〟に慣れると、抵抗感が薄れていく可能性はある。〈中略〉

10 更に言えば、私たちの内なる欲望に無意識レベルで働きかけ、最初から〝悪いこと〟を望まず、(4)〝最大多数の幸福に適ったこと＝善いこと〟だけ欲望するように誘導できる、極めて洗練された超アーキテクチャーが開発されたとしたら、議論の様相は全く異なってくる。生まれた時から超アーキテクチャーに囲まれて生活し、(4)プログラム化された〝快適さ〟を〝自然〟だと感じる人ばかりになったとすれば、管理している／管理されている、支配／被支配、自由／従属といった、現在の〝私たち〟の「自由」感覚を支えている境界線が相対化されていくはずだ。

11 (4)(5)現時点では、私たちの欲望を完全にコントロールして、途絶えることなく「幸福」感を与え続けられる超アーキテクチャーがすぐに実現可能だとは思えないので、各個人が基本的な「自由権」を持ち、いざという時には権力の不当な行使に対抗するという古典的な自由主義の図式を維持した方が得策に思える。しかし、昨今の「自己責任論」批判の議論に見られるように、複雑化し、先の見通しの利かない現代社会で、各人が自らの生き方を自分だけで決定するのは無理ではないかという論調も強まっている。そういう論調が、〝みんなの幸福〟を、合理的に設計しようとする超功利主義的な方向に流れていかないとも限らない。(5)「何のための自由か?」という問いが、近い将来、極めてアクチュアルな意味を持つことになるかもしれない。

〝悪いことができない環境〟に慣れると、抵抗感が薄れる可能性はある

10 洗練された超アーキテクチャーが開発されれば、「自由」感覚を支える境界線が相対化されるはず

11 筆者の意見

現時点では、各個人が基本的な「自由権」を持ち、いざという時に権力に対抗する古典的な自由主義が得策。

↔ しかし

現代社会では、各人が生き方を自ら決定するのは難しいかもしれない

→ 幸福を合理的に設計しようとする超功利主義的な方向に流れていく

結論

現代において人々は自由を放棄し、超功利主義的なアーキテクチャーによって生み出された幸福に生きることを受け入れる方向へと向きかねない。

全体の段落構成

1・2 問題提起
①なぜ「自由に生きる」ことが理想なのか?
②「各人が自由を欲している」のは本当か?
③なぜ「幸福」と「自由」が結びつくのか?

↓

3〜5 本論1
「功利主義」は、合理的な考え方だが、各人の欲望と国家目標が一致しない限り、「自由」に背く形になってしまう

↓

6〜10 本論2
「アーキテクチャー」が洗練されていけば、「自由」感覚が相対化されていくかもしれない

↓

11 結論
人々は自由を放棄し、超功利主義的なアーキテクチャーによる幸福に生きることを受け入れる方向へと向きかねない

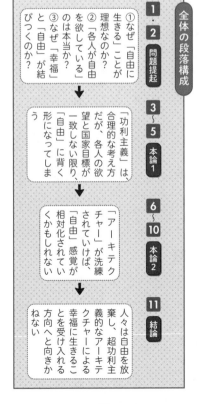

解答

(1) Aオ　Bウ　Cア

(2) (例)(国家によって矯正された各人の欲望と、国家が追求する「最大多数の最大幸福」という目標が一致することで、)「幸福に生きる」ための条件である「自由」が必要ではなくなる(から。)(29字)

(3) (例)物理的環境の制御のみで社会的に望ましくない行動を不可能にすることができるから。(39字)

(4) イ

(5) エ

解説

(1) [A]の前で「自由主義」について「各人が『自由に生きる』ことのできる社会を理想とする思想」であると説明し、あとでそれを受けて、**問題提起**「何故、『自由に生きる』ことが理想なのか?」とつなげている。よって、前の事柄を受けて、次の事柄に導く働きをもつ**オ**「では」が入る。[B]の前で「パノプティコンのような監視・統制装置」がはりめぐらされた場合、どうなるかが述べられている。「強引な、暴力を伴うような措置を取らざるを得ない」「諸個人の『自由意志』と真っ向から衝突する」「快楽よりも不快の総量が上回ってしま」うとあり、そのような理由から、[B]のあとの「功利主義的な考え方は、……現実に存在する一つの国家の包括的な統治原理として採用されることはなかった」という内容につながる。よって、前の内容が原因・理由を表す接続詞である**ウ**「そのため」が入る。[C]の前で、「アーキテクチャー」による管理に気付いた場合、「不快感を覚え、抵抗する人が出てくる」と述べられている。あとでは、「〝我々〟がアーキテクチャーの作り出す〝悪いことができない環境〟に慣れると、抵抗感が薄れていく可能性はある」と反対の事柄が述べられている。よって、逆接の接続詞である**ア**「しかしながら」が入る。

(2) 問題文の「国家によって矯正された各人の欲望と……」の部分は、傍線部①の前の「パノプティコン化された社会において……」の説明に当たる。このことから「幸福」と「自由」の関係性について考える。**2**段落 **根拠(理由)**「私たちの多くが、『幸福に生きる』には『自由』が不可欠だと考えている」が、統制されていても(「自由」がなくても)、国家によって「欲望」が実現されれば、「幸福」になるという矛盾が生じることになる。この内容を指定字数内でまとめる。

(3) 「アーキテクチャー」による規制について、**6**段落に「人々が社会的に望ましくない行動を取るのを技術的に不可能にする環境」、**8**段落に「個人の意識とは関係なく、物理的環境だけを制御するアーキテクチャー」と述べられている。この内容を指定字数内でまとめる。

(4) 「相対化」とは、あるものを他のものと比較して判断し直すこと。傍線部③は、感覚による「自由」かそうでないかの境目が、「超アーキテクチャー」の出現によって判断し直される、という内容である。傍線部③の前には、「最大多数の幸福に適」うことだけを欲望するように誘導することで「プログラム化された〝快適さ〟を〝自然〟だと感じる人ばかりにな」るとあり、傍線部③のあとには、「途絶えることなく『幸福』感を与え続けられる」とあるので、超アーキテクチャーに制御されることに抵抗感を覚えなくなることが予想できる。よって正解は**イ**。

(5) **ア**は、**3**段落にあるように、ベンサムは「功利主義」によって「自由」の実現に寄与したわけではないので不適。**イ**は、**4**段落にあるように「パノプティコン」自体は「自分の行動を自発的に規律するように仕向ける」監獄であるが、「最大多数の最大幸福」を目指しているわけではないので、不適。**ウ**は、**9**段落に「不快感」「抵抗感」という言葉はあるが、「アーキテクチャー的な規制」が「批判を受けている」わけではないので不適。**エ**は、**11**段落の内容と合致する。よって、正解は**エ**。

6 流言のメディア史

佐藤 卓己

本文↓22〜24ページ

本文図解

※問題を解く上で関連する箇所に小問の番号を付しています。

1 「歴史上最速で普及した工業製品」であるスマートフォンが新聞、雑誌、ラジオ、テレビと大きく異なるのは、一人一台をデフォルトとする情報端末であることだ。家族の中の事情通（オピニオン・リーダー）の同伴なく、誰もが一人でビッグデータと向き合っているわけである。マスメディアは情報を制御するゲートキーパー機能を備えていたが、インターネットはゲートキーパーなき情報拡散メディアである。そのウェブ空間において、(3)メディア流言は異常でも特別でもない、自然で日常的な情報なのだ。

2 他方で、私たちはＡＩ（人工知能）が本格的に利用される次のステージも想定しておくべきだろう。〈中略〉問題はフェイクニュースなどメディア流言が消えた社会が果たして「良い社会」となっているかどうかである。ＡＩ駆動の「真実の時代」において、人間はその情報が正しいかどうか悩まなくてよいとすれば、それは人間にとっては快適な情報環境にちがいない。ただし、ウェブ上の快適な政治が良い政治とは限らないように、こうした快適な情報環境が本当に良い世界になると言えるだろうか。

【中略】（(5) 3 ＡＩ時代における「クリーンな情報社会」の実現可能性）

4 さらに、より根源的な問いに目を向けたい。そもそも客観的で信頼できるＡＩ制御の情報空間で、人間は本当に幸せに暮らせるのだろうか。たとえば、

---

1 スマートフォンの特異性
→誰もが一人でビッグデータと向き合うこと
「ゲートキーパーなき情報拡散メディア」
＝**メディア流言**は「自然で日常的な情報」↔「異常」「特別」

2・3 ＡＩが利用される次のステージ
具体例 ＡＩによる情報システム
→誤情報やフェイクニュースの排除が可能に
＝「真実の時代」→「**クリーンな情報社会**」の実現

4
問題提起① 「真実の時代」は「良い社会」と言えるだろうか。
問題提起② 客観的で信頼できるＡＩ制御の情報空間で、人間は本当に幸せに暮らせるだろうか。
具体例 学生の進路選択→誰も不満が出ない客観的評価が可能に
↔だが

そうした情報システムが進路選択に採用されたとする。AIがあらゆる受験生の個人情報をビッグデータに照らして客観的に判断すれば、一発勝負の試験だけではなく普段の学習態度まで加味した、誰も不満を口にできないほど正確な客観的評価をくだすことも可能だろう。

5 だが、まさに「誰も不満を口にできない」評価の存在こそが問題なのである。こうした「真実の評価」で選ばれなかった者の身になって、それが自己肯定感に与えるダメージの大きさを考えてみればよい。現行レベルの、つまり改善の余地がある選抜システムであればこそ、言い訳はいくらでも可能なのだ。客観性を極度に追求した人物評価システムで「ダメだし」を受けた場合、そのダメージは決定的である。エリート（選良）だけが自己肯定感を満喫できる社会が望ましいとはとても思えない。だとすれば、客観性と正確性を追求するAIの世界において、私たち人間の最後の拠り所が「あいまいさ」なのではなかろうか。

6 そう考えるなら、あいまい情報であるメディア流言も単純に否定すべきものではなく、私たちは「流言がある世界」をまず現実として受け入れる必要があるはずだ。そもそも、日常生活における私たちの行動はほとんど身の回りで耳にするあいまい情報に基づいて決定されている。しかし、それで生活に不都合をきたすことは少ない。私たちの自由はそうした不確実な情報環境の上に成り立っている。さらに言えば、あいまい情報によって人間は新しい情報環境に適応する能力を日々鍛えられているのである。

【中略】（7 世論の重要性）

8 ただし、AI時代においては、わずらわしいアンケート調査に回答しなくても、ビッグデータで代用できるものが多い。また、情報が少なければ、私たちは情報の欠落部分を何とか解釈で埋め合わせようとしてきたが、AI駆動で情報の欠落がまれになる「真実の時代」に、私たちは思考力を働かせようとするだろうか。むしろAIが示してくれる合理的な解釈に判断をゆだねるのではあるまいか。その方が安楽だからである。その結果、こうした情報空間で人間

5
「誰も不満を口にできない」評価の存在こそが問題

具体例 「真実の評価」で選ばれなかった者
→自己肯定感への決定的なダメージを負うことになる
エリートだけが自己肯定感を満喫できることになる

6
筆者の主張① 客観性と正確性を追求するAIの世界においては、人間の最後の拠り所は「あいまいさ」になるのではないか。

筆者の主張② 「流言がある世界」を現実として受け入れる必要がある。

根拠（理由） 日常生活における行動＝あいまい情報によって決定される。
→あいまい情報によって人間は新しい情報環境に適応する能力が鍛えられているため

7
筆者の主張③ これからの時代においては世論をますます注視すべき。

8
「真実の時代」に思考力を働かせることは難しい
→AIの合理的な判断に従う方が安楽だから

9
← その結果
感情的な決断が求められる＝情動社会への変化が加速

文脈依存型コミュニケーションが主流
→市民的な輿論が理想
←
情動社会＝接続依存型コミュニケーションが主流
→情緒的な世論に身をゆだねるだけ

に求められるのは理性的な思考より感情的な決断だけとなる。すでに二〇世紀の「輿論の世論化」において始まった、(5)情報社会から情動社会への変化はいっそう加速するはずだ。

【中略】（(5) 9 情報社会・情動社会と輿論・世論）

10 ＳＮＳ上のフェイクニュースも、メディア流言と同様に、その内容の大半は犯罪・災害・戦争など恐怖や憎悪の感情を呼び起こす否定的な事象であり、特にマイノリティーや外敵に関する差別表現が多い。それは人間という生き物の暗部を理解するためには必要なデータである。ヘイト情報として取り締まるべき対象であったとしても、それは私たち自身が真摯に向き合う課題である。しかし、そうしたヘイト情報に向き合うこと、ましてその規制にたずさわることは、誰にとっても決して気持ちのよい仕事ではない。そのわずらわしさから、ヘイト情報の削除をＡＩにゆだねたいと考えるのは自然なことなのだ。

11 この点こそ、未来の深刻な問題だと私は考えている。私自身をふくめ、多くの人は快適さを求めてわずらわしい判断をＡＩにゆだね、その動きに適応してゆくはずだ。ＡＩの動きを予測して動くことは、機能的に見れば、ＡＩに命令されているのと変らない。ＡＩが人間化するより、人間がＡＩ化する可能性が高いのである。そしてＡＩはあいまい情報を苦手とするため、ＡＩ化した人間があいまい情報の自動的なクレンジングを要求するという事態は十分に予想できる。

12 (3)マスメディアの責任をただ追及していればよかった安楽な「読み」の時代はすでに終わり、一人ひとりが情報発信の責任を引き受ける「読み書き」の時代となっている。(4)こうした現代における言語・映像・記号等を理解する力の本質とは、あいまい情報に耐える力である。この情報は間違っているかもしれないというあいまいな状況で思考を停止せず、それに耐えて最善を尽くすことは人間にしかできないことだからである。

---

10 フェイクニュースなどのヘイト情報
→人間という生き物の暗部を理解するためのデータ
＝「それは私たち自身が真摯に向き合う課題」
↔ しかし
わずらわしさからAIにゆだねたいと考えてしまう

11 →「未来の深刻な問題」
AIが人間化するよりも、人間がAI化する可能性が高い
→AIはあいまい情報が苦手なため、AI化した人間が自動的なクレンジング（＝浄化）を要求する

12 スマートフォンの普及によって、現代は「一人ひとりが情報発信の責任を引き受ける『読み書き』の時代」に

結論 AIによって制御された情報環境によって「クリーンな情報社会」が実現されるかもしれない現代だからこそ、人間はあいまい情報に耐える力を持ち、思考を停止せず最善を尽くすべきである。

全体の段落構成

1〜4 問題提起
①「真実の時代」は「良い社会」か
②AI制御の情報空間で、人間は本当に幸せに暮らせるか
↓
5 本論1
「あいまいさ」こそが人間の最後の拠り所である
6 本論2
「流言がある世界」を現実として受け止めるべき
↓
7〜11 本論3
情動社会への変化が加速している現代では、世論に注目すべき
↓
12 結論
人間はあいまい情報に耐える力を持ち、思考を停止せず最善を尽くすべきだ

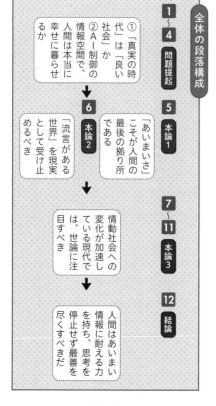

解答

(1) **A セ　B ク　C コ　D タ**

(2) ⓐ**ア**　ⓑ**イ**　ⓒ**イ**　ⓓ**ア**　ⓔ**ア**　ⓕ**イ**

(3) （例）流言が日常的に存在し、個人が情報発信の責任を引き受ける時代。（30字）

(4) （例）（AIの導入によってメディアが大きく変化している現代だからこそ、）あいまい情報に耐える力を身につけ、思考を停止せず最善を尽くし続ける（べきであると考えているから。）（33字）

(5) **イ・カ**

解説

(1) Aは、その直前に「異常でも特別でもない」とあることから、「異常」「特別」の対義的な言葉が入るため、**セ**「日常」が入る。Bは、その直後の文で「そもそも」と、より本質的な問いを投げかけていることから、**ク**「根源」が入る。Cは、その直前にある「討議による論理的な合意形成」を「すなわち」と言い換えていることから、**コ**「市民」が入る。Dは、その直前の「犯罪・災害・戦争など恐怖や憎悪の感情を呼び起こす」というネガティブな内容を表現する言葉が入ると考えられる。よって、**タ**「否定」が入る。

(2) ⓐ～ⓕを含む文より前の部分で、筆者は「多くの人は快適さを求めてわずらわしい判断をAIにゆだね、その動きに適応してゆくはず」と述べている。〝人間がAIに適応していく〟という関係性になるため、まずⓒ「人間」がⓓ「AI」化するということが読み取れる。ⓐ・ⓑはその反対の関係性になるため、ⓐ「AI」、ⓑ「人間」が入る。ⓔ・ⓕは「○○化した○○」となっており、ⓔがⓓ、ⓕがⓒと対応しているため、ⓔ「AI」、ⓕ「人間」となる。

(3) 傍線部①はスマートフォンの特異点を説明している箇所。傍線部①のあとに「インターネットはゲートキーパーなき情報拡散メディアである」とあることから、スマートフォン等によって情報が拡散されることによって、流言が「自然で日常的な情報」となることを押さえる。このことから、それまでのメディアと異なり、誰でも情報を拡散できるようになったことで、時代が変化したことが記述されている部分を探すと、**12**段落の「マスメディアの責任を……一人ひとりが情報発信の責任を引き受ける『読み書き』の時代」という記述が見つかる。これらの内容を字数に合うようにまとめる。

(4) 筆者はAIによって「真実」が保証される時代だからこそ、「あいまいさ」を重要視している。その「あいまいさ」について筆者は**12**段落で**結論**「現代における言語・映像・記号等を理解する力の本質とは、あいまい情報に耐える力である。……あいまいな状況で思考を停止せず、それに耐えて最善を尽くすことは人間にしかできない」と述べている。この部分を字数に合うようにまとめる。

(5) **ア**は、「AI」によって流言が排除される可能性を指摘しているが、「時代遅れ」という記述はないので不適。**イ**は、**3**段落にある「全体主義国家」における「オルタナティブ・ファクト（代替的事実）」としての「流言」が「一定の反発」のことを指しているので、合致している。**ウ**は、筆者はAI時代だからこそ、人間が思考することの重要性を主張しているので、不適。**エ**は、「アルゴリズムを開発することが重要」が本文に書かれていない内容。**オ**は、「マスメディアのゲートキーパー機能をより強化する方策を模索するべき」が本文に書かれていない内容。**カ**は、**7**～**9**段落の「世論」「情動社会」の記述に合致する。**キ**は、筆者の主張とは正反対の内容になっている。よって、**イ**と**カ**が正解。

7 平等

瀧川 裕英

本文→25〜28ページ

本文図解

※問題を解く上で関連する箇所に小問の番号を付しています。

1 かつて日本は「一億総中流」といわれた。総理府（現・内閣府）の調査によれば、自分を中流だと答える人の割合は、高度成長期を経た1970年に約9割となった。こうした中流意識は、実は現在までそれほど変わらない。しかし、日本はいまや「格差社会」になったとして問題となっている。

2 まず確認したいのは、格差と貧困の違いである。その違いは、具体的な問題の違いとなって現れる。問題となる格差とは、勝ち組と負け組、下流社会の出現、正規雇用と非正規雇用などである。これらはいずれも、他人との比較を含んでいる。

3 これに対して、問題となる貧困とは、ワーキング・プア（約700万人）、ホームレス（約8000人）、母子家庭（約124万世帯）、失業、多重債務などである。(6)これらが問題となるのは、他人と比較して劣位におかれるからではない。隣人よりいくらか所得が高いとしても、貧困は貧困である。

4 このように格差と貧困を区別するのは、次の問いを問うためである。格差があることは、それ自体問題か。格差があるのは悪いことだろうか。

5 貧困がそれ自体として重大な問題であることに異論はないだろう。貧しい人は救われる必要がある。だが、格差は問題だろうか。格差がない状態を平等と呼ぶならば、この問いは次の問いへとつながる。平等は重要か？

6 一般に平等は自由と並ぶ重要な価値だと考えられている。しかし、平等が重

---

1 日本社会の過去と現在

過去　「一億総中流」といわれた

↕ しかし

現在　「格差社会」になったとして問題になっている

2・3 格差＝他人との比較を含む（＝相対的な）もの

具体例　勝ち組と負け組、正規雇用と非正規雇用など

貧困＝他人と比較されない（＝絶対的な）もの

具体例　ワーキング・プア、ホームレス、多重債務など

4・5 問題提起　「格差があるのは悪いことだろうか」「平等は重要か？」

6 平等主義への批判

7 具体例…AとBの2人からなる社会状態

8 （1）と（2）の比較

（1）＝格差がある社会＜（2）＝平等な社会

「正しい」

9・10 （1）と（3）の比較

要であるという平等主義は、実は反直観的な帰結をもたらすとして批判されている。

7 ここでは、AとBの2人からなる社会を考えよう。それぞれの所得を（Aの所得、Bの所得）という形で表す。次の二つの社会状態を考えてみよう。

（1）（10、5）
（2）（7、7）

8 （1）は格差がある社会であり、（2）は平等な社会である。社会の総所得は（1）の方が多いが、(5)平等が重要であるという考え方からすると、（1）よりも（2）のほうが正しい社会である。

9 ここで、第三の社会状態を考えてみよう。

（3）（5、5）

10 （1）と（3）はどちらが正しい社会だろうか。(5)平等が重要であるという考え方からすると、格差のある（1）よりも平等な（3）のほうが正しい社会だということになる。しかしながら、（3）は、（1）と比べてBの所得は全く変化なく、Aの所得を10から5へ低下させただけの社会である。

11 要するに、平等が重要だというと、持たざる者に与えることだと思われがちだが、(7)実際には持てる者から奪うことまでも正当化されてしまう。〈中略〉このような平等主義に対する批判は、水準低下批判と呼ばれる。(5)(7)すべての人の状態が同じであるという意味で平等であることはそれ自体よいことであるという主張（目的論的平等主義と呼ばれる）は、水準低下批判を招いてしまう。

12 水準低下批判を回避するための一つの方法は、平等を目指すべきなのは、平等な状態がそれ自体よいからではなく、例えば人は公平に扱われる権利を持っているからだと主張することである。これは、義務論的平等主義と呼ばれる。

---

11 （1）＝格差がある社会＜（3）＝平等な社会
「正しい」
⟷ しかしながら
Aの所得を減らしただけの社会になってしまう
← 要するに
持てる者から奪うことまでも正当化されてしまう
＝「水準低下批判」
→同じであることを平等としてよいこととする主張（**目的論的平等主義**）が批判される要因となる

12 **義務論的平等主義**
＝公平に扱われる権利を持っているから平等を目指すべきであるという主張

13 →人間の行為に起因する不平等だけを是正することが目的
持てる者の水準低下を要求せず、水準低下批判を回避できる

14 ⟷ だが
同じ社会に属する人々の間の公平な取扱いだけを目指す
＝ つまり
二つの社会の間の格差を是正すべきとは主張しない

15 **優先主義**
より状態の悪い者を優先し格差を是正すべきだという考え方

16 具体例 **7**・**9**段落での（1）（2）（3）
○（1）と（2）の比較
より状態の悪い者＝（1）…Bの5＜（2）…どちらも7
「正しい」

13 (1)義務論的平等主義が関心を持つのは、人間の行為に起因する不平等だけであり、生まれ持った才能の不平等を是正することは義務の対象外である。〈中略〉このように持てる者の水準低下を要求しないので、水準低下批判を回避している。

14 だが、(1)義務論的平等主義が目指すのは、あくまで同じ社会に属する人々の間の公平な取扱いだけである。そのため、全く別の世界に住む人々の間の平等はその射程外である。つまり、二つの社会の間に甚大な格差があったとしても、それを是正すべきだとは主張しない。

15 これに対して、格差は是正されるべきだがその理由はより状態の悪い者を優先することにあると考えるのが、デレク・パーフィットの提唱する優先主義である。(2)つまり、より貧しい者に優先的に分配することこそが重要である。パーフィットの理解では、平等主義者の多くが実際に重視しているのは、平等それ自体ではなく、より恵まれない者の優先的取扱いである。

16 (5)具体的に見てみよう。(1)と(2)を比べると、(1)でのより状態の悪い者(B)の所得は5、(2)でのより状態の悪い者(この場合は、AとB)の所得は7なので、(2)のほうが正しい。(1)と(3)を比べると、より状態の悪い者の所得は同じく5だが、その次に状態の悪い者の所得が(1)では10、(3)では5なので、(1)のほうが正しい。

17 平等主義と優先主義の相違を正確に確認しよう。〈中略〉優先主義の独自性が現れるのは、その理由である。平等主義がより状態の悪い者を優先するのは、そうすることで不平等が減少するからである。これに対して、(2)優先主義は格差が少ないこと、あるいは(4)平等であることはそれ自体よいことだとは考えない。(2)優先主義が問題視するのは、より状態の悪い者の状態が絶対的基準に照らして悪いことであり、他人との比較で悪いことではない。

18 (3)(4)平等それ自体が重要でないことを認めた上で、優先主義とは別の考え方をするのがハリー・フランクファートの十分主義である。十分主義は、他人と比較して少ないことが問題なのではなく、絶対的に少ないことこそが問題だとす

○(1)と(3)の比較
より状態の悪い者＝(1)…Bの5＝(3)…どちらも5
→次に状態の悪い者＝(1)…Aの10＞(3)…どちらも5
「正しい」

17 **平等主義と優先主義の相違点**…より状態の悪い者を優先する理由

根拠(理由)
平等主義→不平等が減少するから(相対的)
優先主義→絶対的基準に照らして悪いことであるから

18 **十分主義**
＝絶対的に少ないことを問題視し、各人が十分量を保有することが重要だとする考え方

19 具体例 「優先主義」同様、**7**・**9**段落での(1)(2)(3)
○(1)と(2)の比較(十分量を「7」とした場合)
十分量を保有する者＝(1)…Aのみ＜(2)…A・B両方
「正しい」
→十分量を保有する者がより多いため
○(1)と(3)の比較
十分量を保有する者＝(1)…Aのみ＞(3)…いない
「正しい」

20 十分量＝十分によい人生を送るのに必要な量

筆者の主張
格差の存在が重要な問題と誤解されているのは、格差と、十分量が欠如しているという意味での貧困が混同されているから。

る。つまり、[3][5]万人が同量を所有することではなく、各人が十分量を保有することが重要である。十分主義からすれば、格差は問題ではない。

19 [5]仮に個人の十分量が7であるとしよう。この場合十分主義によれば、Aのみが十分量を保有する(1)よりも、ABともに十分量を保有する(2)のほうが正しい。(1)より(2)が正しいのは、(2)が平等だからではなく、十分量を保有する人が多いからである。また、(1)と(3)では、Aが十分量を保有する(1)のほうが正しいことになり、水準低下批判を免れている。

20 もちろん、どれだけ保有すれば十分量といえるかについては、議論の余地がある。[3]十分量とは、十分によい人生を送るのに必要な量であり、生存のために必要な最低量よりも相当程度多いといえる。そのような一定水準以上の資源を享受することが重要である。格差が存在すること自体が重要な問題だと誤解されているのは、格差と、十分量が欠如しているという意味での貧困とが混同されているからである。

21 優先主義と十分主義の違いは、[5]例えば個人の十分量が5であるときに現れる。(1)と(2)で比較すると、優先主義では、より状態の悪い者が優先されている(2)のほうが正しい。しかし、十分主義では、どちらの場合もすべての人が十分量を保有しているので、(1)と(2)は同じ程度に正しい。つまり、すべての人が十分量を保有しているとき、優先主義はより状態の悪い者をあくまで優先すべきだと考えるのに対し、十分主義はその必要はないと考える。

22 このように、平等が重要でないとしても、より状態の悪い者の優先か、十分量の所有か、いずれが重要と考えるかで結論は変わってくる。しかしいずれにせよ、〈平等であることはそれ自体よいことである〉という平等主義を批判する点では、優先主義と十分主義は共闘する。

---

21 優先主義と十分主義の相違点

具体例 (1)と(2)の比較(十分量を「5」とした場合)

優先主義→より状態の悪い者が優先されている(2)が正しい

十分主義→どちらも十分量を保有しているので、同程度に正しい

=つまり

すべての人が十分量を保有している場合…

根拠(理由)

優先主義＝より状態の悪い者をあくまで優先すべきだと考える

十分主義＝その必要はないと考える

22 結論

優先主義と十分主義は、重要視するものによって相違点はあるが、〈平等であることはそれ自体よいことである〉という平等主義を批判する点では共闘(＝同じ立場で立ち向かう)する。

全体の段落構成

1～5 問題提起：「格差があるのは悪いことだろうか」「平等は重要か？」

↓

6～14 本論1：平等主義は、持てる者から奪うことを正当化し、「水準低下批判」を招いてしまう

↓

15～21 本論2：状態の悪い者を優先する優先主義と、十分量の所有を重視する十分主義は、平等主義を批判する考え方である

↓

22 結論：優先主義と十分主義は、平等主義を批判する点で共闘する

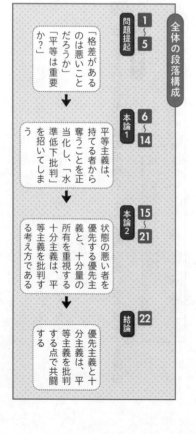

解答

(1) (例) 同じ社会に属する人々が公平に取扱われるように、各人の行為に起因する不平等を是正すべきだという考え方。(50字)

(2) **エ**

(3) **イ**

(4) **オ**

(5) **イ**

(6) **ウ**

(7) (例) 平等を重視するあまり、持てる者から奪うことまでも正当化され、社会の水準低下を招く(という批判を受けているということ。)(40字)

解説

(1) 傍線部①の直後に「義務論的平等主義が関心を持つのは、人間の行為に起因する不平等だけ」とある。さらに**14**段落では「義務論的平等主義が目指すのは、あくまで同じ社会に属する人々の間の公平な取扱いだけである」と述べられている。これらの内容を踏まえて、指定字数に合うようにまとめる。①「同じ社会に属する人々が公平に取扱われる」、②「人の行為に起因する不平等を是正すべき」という二つの解答要素が書かれていれば正解。

(2) まず傍線部②の直後に、言い換えてまとめる働きをもつ接続語「つまり」があるので、そのあとにある「より貧しい者に優先的に分配することこそが重要」という記述を押さえる。そしてそのあとにある、「重視しているのは、平等それ自体ではなく、より恵まれない者の優先的取扱い」という、同様の内容があることも押さえておく。さらに、**17**段落では、平等主義と優先主義の相違について説明しており、根拠(理由)「優先主義は格差が少ないこと、あるいは平等であることはそれ自体よいことだとは考えない」「優先主義が問題視するのは、より状態の悪い者の状態が絶対的基準に照らして悪いこと」であると述べられている。これらの内容を踏まえると、正解は**エ**。**ア**「経済活動の自由を保障する義務」、**イ**「最低限度の資産を各人が持っているか否かという観点」、**ウ**「万人が同量を持つことの方が優先されるべき」、**オ**「福祉政策を優先的に実施してゆく」がそれぞれ不適。

(3) 「十分主義」については、傍線部③の直前に、「平等それ自体が重要でないことを認めた上で」とあり、さらに傍線部③のあとに「万人が同量を所有することではなく、各人が十分量を保有することが重要である」と説明されている。**20**段落では、「十分量とは、十分によい人生を送るのに必要な量であり、生存のために必要な最低量よりも相当程度多い」と、「十分量」についての説明がされている。これらの内容を踏まえると、正解は**イ**。**ア**「生存のために必要な最低限度の資産」、**ウ**「社会の総保有量を一定水準以下にしないため」、**エ**「必要にして十分な所得を保障する義務を負う」、**オ**「十分な資本が不可欠」がそれぞれ不適。

(4) 「優先主義と十分主義」が「平等主義」に対してどのような立場であるかを考えていく。まず、□の前に「〈平等であることはそれ自体よいことである〉という平等主義を批判する点では、」とある。さらに、優先主義については**17**段落に「平等であることはそれ自体よいことだとは考えない」とあり、十分主義については**18**段落に「平等それ自体が重要でないことを認めた上で」とあることから、両者は共通した点で平等主義に批判的であることがわかる。つまり、結論 平等主義に対して、「優先主義と十分主義」が互いに同じ立場で立ち向かう、という意味の言葉を選ぶ。よって、「二つ以上のものが、共通の目的を達成するために、共同で行う闘争」という意味をもつ**オ**が正解。

(5) 「平等主義」は、**7**～**11**段落で 具体例 「AとBの2人からなる社会」

の例を挙げて説明されている。「(1)よりも(2)のほうが正しい社会」「格差のある(1)よりも平等な(3)のほうが正しい社会」「すべての人の状態が同じであるという意味で平等であることはそれ自体よいことである」という記述から、(2)と(3)はどちらも平等の状態になっているので同価値、平等でない(1)の状態が最も評価が低い社会ということになる。「優先主義」は 具体例 16・21 段落で例を挙げて説明されている。「(1)と(2)を比べると、(1)でのより状態の悪い者(B)の所得は5、(2)でのより状態の悪い者(この場合は、AとB)の所得は7なので、(2)のほうが正しい。」「(1)と(3)を比べると、より状態の悪い者の所得は同じく5だが、その次に状態の悪い者の所得が(1)では10、(3)では5なので、(1)のほうが正しい。」「より状態の悪い者が優先されている(2)のほうが正しい」とあるので、評価は高いほうから(2)→(1)→(3)の順になる。「十分主義」は問題文にある「個人の十分量は5と仮定する。」という点を踏まえて考える。18段落に「各人が十分量を保有することが重要」とあることから、個人の所得が5を満たしていればそれぞれの価値に差はなく、同価値ということになる。21段落にも、「(1)と(2)は同じ程度に正しい」とある。よって、(1)(2)(3)に差はないと考える。これらの内容を表している**イ**が正解。

(6)

それぞれの選択肢を見ていく。**ア**は「それは、『格差があるのは悪いことか』という問いを立ててこなかったから」が不適。中流であることに対して筆者が考察したり意見を述べたりしている箇所はない。**イ**は「それぞれの比較によって顕在化したものに過ぎないので、哲学者たちの考察の埒外にあった」が不適。文中に出てくる哲学者たちは格差と平等についての考察をしている。**ウ**は3段落に「これら(＝貧困)が問題となるのは、他人と比較して劣位におかれるからではない。隣人よりいくらか所得が高いとしても、貧困は貧困である」とあり、貧困は絶対的な貧しさが問題であることを示しているので、合致する。よって正解は**ウ**。

エは「社会の総保有量を重要視する点」が不適。「義務論的平等主義」は、人間の行為に起因する不平等だけを是正すべきかどうかという点で「目的論的平等主義」と異なる。**オ**は「異なる社会の間の不均衡をなくすため」とあるが、優先主義も十分主義も格差自体が問題とは考えないので不適。文中にこのような記述はない。

(7)

二重傍線部内にある「平等が重要であるという平等主義」「批判されている」という部分に注目してあとの部分を見ていく。11段落で「すべての人の状態が同じであるという意味で平等であることはそれ自体よいことであるという主張」である「目的論的平等主義」は、「実際には持てる者から奪うことまでも正当化」し、「水準低下批判」を招いてしまうということが述べられているため、この内容を指定字数に合うようにまとめる。①「平等を実現するために持てる者から奪うことを正当化する」、②「社会の水準低下を招く」という二つの解答要素が書かれていれば正解。

8 スマホを捨てたい子どもたち

山極 寿一

本文⇩29〜33ページ

本文図解

※問題を解く上で関連する箇所に小問の番号を付しています。

文章A

1 スマホへの漠とした不安の正体は何なのか。この問いについて考える前に、まず、皆さんに質問をしたいと思います。

【中略】（質問の具体例）

2 〈中略〉ぼくが今まで学生などに聞いた限り、❶は10人くらい、❷は１００人くらいまで、というのが標準的な答えです。〈中略〉

3 ぼくが、なぜこのような質問をしたかというと、今、「自分がつながっていると思っている人」の数と、「実際に信頼関係でつながることができている人」や「信頼をもってつながることができる人」の数の間にギャップが生まれているのではないか、そして、このギャップの大きさが、現代に生きる人たち、特に生まれたときからデジタルに囲まれた世界に生きる若者たちの不安につながっているのではないか、そう思うからです。

〈中略〉

4 人間の脳の大きさには、実は集団規模が関係しています。チンパンジーとの共通祖先から分かれた約７００万年前から長らくの間、人間の脳は小さいままでした。この頃の集団サイズは10〜20人くらいと推定されています。〈中略〉これは、皆さんが、互いに信頼し合っておしゃべりをする友だちの数❶に当たります。２００万年前、脳が大きくなり始めた頃の集団サイズの推定値は30〜50

文章A

1 **問題提起** スマホへの漠とした不安の正体は何なのか。

2 ❶日常的におしゃべりする友だちの数→10人程度
❷年始の挨拶をしようと思う人数→１００人程度

3 **筆者の主張** ❶と❷の間に［ギャップ］が生まれているのではないか。
→若者たちの不安につながっているのではないか。

4 ・約７００万年前…10〜20人程度の集団
→互いに信頼し合っておしゃべりする友だちの数＝❶
・２００万年前…30〜50人程度
→日常的に顔を合わせて暮らす仲間の数

5 ・約60万〜40万年前…１００〜［１５０］人＝❷

←

大　　小
←脳の大きさ

人程度。〈中略〉日常的に顔を合わせて暮らす仲間の数、誰かが何かを提案したら分裂せずにまとまって動ける集団の数です。

5 その後、人間の脳は急速に発達します。今から約60万～40万年前には、ゴリラの3倍程度の1400ccに達し、現代人の脳の大きさになりました。そして、この大きさの脳に見合った集団のサイズが、100～150人。これが❷に当たる数です。

【中略】（**6** ロビン・ダンバーの仮説・**7** マジックナンバー）

8 今、ぼくたちを取り巻く環境はものすごいスピードで変化しています。〈中略〉次の革命まではほんの数十年かもしれません。その中心にあるのがICT（Information and Communication Technology＝情報通信技術）です。インターネットでつながるようになった人間の数は、狩猟採集民だった時代からは想像もできないくらい膨大になりました。

9 一方で、人間の脳は大きくなっていません。つまり、(1)インターネットを通じてつながれる人数は劇的に増えたのに、人間が安定的な信頼関係を保てる集団のサイズ、信頼できる仲間の数は150人規模のままだということです。テクノロジーが発達して、見知らぬ大勢の人たちとつながれるようになった人間は、そのことに気づかず、(1)AIを駆使すればどんどん集団規模は拡大できるという幻想に取り憑かれている。こうした誤解や幻想が、意識のギャップや不安を生んでいるのではないか。ぼくはそう考えています。そして、子どもたちの漠とした不安も、このギャップからきているのではないでしょうか。

文章B

【中略】（**10**・**11** 言葉を得たことによるメリット）

12 一方、言葉をもたない動物は、その場で瞬時に直感で対峙し、解決します。それ以外のオプションをもちません。人間も本来、同じ能力をもっていたはずですが、言葉の力が大きくなるにつれ、その力が減退しました。たとえば、その場はやり過ごして、あとで考えるといった状況では、言葉が力をもちます。〈中略〉フィクションが前面に出てくれば、動物のように生の感情のぶつかり合

6・**7** 「真につながれる人の数の限界」「マジックナンバー」

8 根拠（理由） ICTによる革命により、つながれる人間の数はより膨大になる

9 ↔ 一方で 人間の脳は大きくなっていない

← つまり 人間が安定的な信頼関係を保てる集団のサイズ、信頼できる仲間の数は 150人規模のまま

筆者の主張 「このギャップ」が子どもたちの漠とした不安を生んでいるのではないか。

文章B

10・**11** 言葉を得たことによるメリット

12 根拠（理由） 言葉をもたない動物→その場で瞬時に直感で対峙し、解決する

→人間は言葉の力が大きくなるにつれ、その力が減退した

13 筆者の主張 今の人間の世界は、身体を通じたコミュニケーションをまったく無視した社会である。

14 具体例 保育園、会社、法律

→自分がしたいことより、その規則を守ることが先決になる

15 かつては人間も身体感覚で問題を解決してきた

いを通じて瞬時に何らかの解決策を見出す、という人間本来の能力が落ちていきます。

13 こうして今、人間の世界には、身体を通じたコミュニケーションをまったく無視した社会が出来上がっています。

14 人間は、言葉でルールをつくっています。〈中略〉こうした言葉による規制が先にあって、自分がしたいことより、その規則を守ることが先決になります。〈中略〉

15 かつては、人間も、身体感覚でさまざまな問題を解決してきました。お互いの関係や環境は毎日変わります。こうすれば今日はこうなるということを直感で判断して互いの関係を調整していました。〈中略〉

16 ところが、今の人間社会は、不変のルールに従うことが日常生活になっています。言葉が先行しているから、身体が感じていることより言葉を信じる。ルールが合わなくなったときにすぐに調整することができないために無理が生じます。

文章C

17 人間は、一人だけで幸福になることはありえません。仲間との間につくられた信頼関係の中にしか人間の幸福はありません。(4)人類は、その進化の過程で、信頼関係を結ぶ仲間の数を増やし、社会の力を向上させてきました。その過程でさまざまなものが生まれました。〈中略〉それらを生み出した先に、より多くの仲間と信頼関係を結ぶことが幸福につながるという確信があったのでしょう。

18 仲間の数を増やしたのは動物も同じかもしれません。ただ、人間以外の動物には、人間のようなコミュニケーション技術をつくることはできませんでした。〈中略〉(3)熱帯雨林を出て多様な環境に適応するためには、人間のように自分を犠牲にしても仲間のために尽くそうとする強い共感力をもった社会をつくる必要があるからです。

19 (6)人間は本来、他者に迷惑をかけながら、そして他者に迷惑をかけられながら、それを幸福と感じるような社会の中で生きていく生物です。迷惑をかけること

---

16 ↔ ところが
今は不変のルールに従うことが日常生活になる
言葉が先行しているため、身体感覚よりも言葉を信じ、ルールが合わなくなったときに調整できず無理が生じる

文章C

17 人間の幸福は仲間との間につくられた信頼関係の中にしかない
→信頼関係を結ぶ仲間を増やし、社会の力を向上させてきた
具体例 芸術、農業、牧畜、漁業、林業、工業などにより多くの仲間と信頼関係を結ぶことが幸福につながるという確信

18 筆者の主張 動物は人間のようなコミュニケーション技術をつくることができない。
具体例 ヌーの大群→食事と保身の観点のみ
類人猿→熱帯雨林を出ていない
根拠（理由） 多様な環境への適応には、自分を犠牲にしても仲間のために尽くす、強い共感力をもった社会の構築が必要だから。

19 人間は他者に迷惑をかけることで絆が深まる動物

20 具体例 心優しいシルバーバックとその群れ

で絆は深まる。ぼくは、このことをアフリカの人々やゴリラから学びました。

〈中略〉

【中略】（**20** 過酷な運命にある子どもゴリラと優しいシルバーバック）

21 〈中略〉きっと人類の祖先も熱帯雨林からサバンナに出ていく過程で共感力を高めていったのでしょう。ゴリラが家族的な集団の中で見せた(4)この共感力を、人間は、家族よりずっと大きな集団に拡大してきました。それが今、弱体化しつつあります。(6)これからの時代に、その共感力や社会力をどうやってつくっていくかがぼくたちの課題でしょう。

文章D

22 今、日本でも欧米でも、西洋哲学と近代科学を唯一のよりどころとして文明を推し進めてきたことを反省しようという動きが強まっています。早急に新たな発想を取り入れていかないと地球は崩壊してしまう、と。西洋哲学は、主体性をもっているのは人間だけであるというスタンスです。近代科学にとって、環境は人間が管理するものです。環境を変えることで人間に都合の良い世界をつくっていくことが大事であり、技術はそのためにあるという考えです。こうして主体と客体をはっきり分け、自然を管理してきた結果、今日のような大規模な自然破壊が起きました。〈中略〉

23 (5)こうした中で注目されているのが、東洋哲学の中にある「容中律」（肯定でも否定でもなく、肯定でも否定でもある、とする論理）の概念なのです。これは、0か1、その間を許さない西洋発の概念「排中律」（どのような命題も真か偽のいずれかであるとする論理）の逆を行くもので、わかりやすくいえば、両方の存在を許すことです。

24 〈中略〉「どちらでもある」ということが言えれば世界は変わるのに、それができずに、世界は行き詰まりを見せています。だから、それを解決する手段として「容中律」という哲学、科学のあり方が模索されているのでしょう。

25 今、世界はとことん正解しか求めません。それが分断につながっています。(5)世界は本来、「実は正解がいくつもある」というものに満ちています。たった

---

21 根拠（理由） 人間もこのような共感力を大きな集団に拡大させてきた

→現在は弱体化しつつある

筆者の主張 **共感力や社会力をどうやってつくっていくかが課題。**

文章D

22 西洋哲学と近代科学をよりどころとした文明推進社会への反省が起きている

→新たな発想を取り入れなければ地球は崩壊するという危機感

←理由

西洋哲学…主体性をもっているのは人間だけというスタンス

近代科学…環境を管理するのは人間で、人間の都合の良い社会を技術によってつくっていくという考え

←結果

大規模な自然破壊が起きた

23・**24** 東洋哲学の「**容中律**」→両方の存在を許すこと

→不正解に陥らなければ、争いは起きず、命も失われない

↔

世界は正解しか求めない（「**排中律**」）

→行き詰まりや、分断が起きる

25

←

26 デジタル社会（SNS）も排中律の概念に基づく

←

「間」の発想を広げて、ネットワーク社会の特徴の点と点とのつながりを、弱点ではなく利点として応用すればよい

一つの正解に至らなくても、決定的に不正解に陥らなければ、戦争も起きないし、命も失われません。

26 考えてみれば、今のデジタル社会も、0か1かという発想でつくられています。その中間も、「どちらも」という考え方も許されません。それも排中律の概念に基づくもので、だからデジタル空間には「間」がありません。〈中略〉「間」の発想が世間一般に広がれば、もっといろいろなことが楽になるはずです。ネットワーク社会の特徴である点と点とのつながりを、弱点ではなく利点として応用すればいいのです。

27 科学技術と同じく、ネガティブな方向に使われ始めてしまった「言葉」も、人間は変えることができるのではないかと思っています。むしろ、ぼくたちは言葉の壁を越える技術をもたなくてはいけない。〈中略〉

28 経済はいち早くグローバル化しましたが、文化の壁を乗り越えることはまだできていません。その境界をうまく溶かして世界を調和させる方策を手に入れることができれば、それが新しい時代を生み出すことになるでしょう。

29 〈中略〉今の若者たちは、ぼくたちよりＡＩを使える頭脳をもっています。人間の頭で考えられること以上のものをつくり出す可能性がある。〈中略〉「創発」という言葉を聞いたことがありますか？ たとえば、一匹一匹のアリがしていることをそれぞれ見ると、とても単純なことをしているように見えます。しかし、個々の動きが相互に作用することで、立派な巣が出来上がり防衛も子育ても分担できるという、全体では思いもよらない高度な秩序が生まれる。脳についても一つひとつの神経細胞がやっていることは単純な電気刺激の受け渡しですが、脳全体で見れば途方もない知的な活動をしています。そういう現象を「創発」と呼び、生物学、情報科学、社会学などさまざまな分野で引用されていますが、(6)ＡＩを利用した創発を繰り返していけば、どこかで、思いがけない「創発」が起こるかもしれません。

30 人間の未来は、とんでもない方向に進む可能性もはらんでいるけれど、ユートピアに行き着く可能性も大いにある。ぼくはそう思っています。

27・28

筆者の主張 言葉の壁を越える技術をもたなくてはいけない

→文化の壁を乗り越え、世界を調和させる方策を手に入れれば、新たな時代を生み出せる

29

筆者の主張 若者たちは、人間の頭で考えられること以上のものをつくり出す可能性がある。

「創発」＝個々の単発な動きからさまざまな部分の相互作用によって高度な秩序を生み出す現象

具体例 アリ、脳

根拠（理由） 若者たちはＡＩを使える頭脳をもっており、それを利用した創発を繰り返していけば、どこかで思いがけない「創発」が起こるかもしれないから。

30

結論 人間の未来は、これからの時代を生きる人々の「創発」によって、ユートピアに行き着く可能性もある。

全体の段落構成

文章A 人間の脳のサイズは大きくなっていないのに、つながる人数だけが増えてしまっている

↓

文章B 人間は言葉を得たことで、言葉によるルールを信じ、身体感覚による問題解決ができなくなってしまった

↓

文章C これからの時代には、弱体化してしまった共感力を再構築すべきだ

↓

文章D 人間の未来は、これからの時代を生きる人々の「創発」によって、ユートピアに行き着く可能性もある

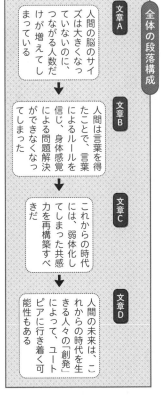

解答

(1) (例) 人間が信頼関係を保てる集団のサイズは変わらないのに、AIを駆使すればさらに集団規模を拡大できると思っているから。(56字)

(2) エ

(3) (例) 自分を犠牲にしてでも、仲間のために尽くそうとする強い共感力をもっていないから。(39字)

(4) ア

(5) (例) 世界は本来、「実は正解がいくつもある」というものに満ちているという容中律の発想。(40字)

(6) エ・カ

解説

(1) 傍線部①の前に、「人間の脳は大きくなってい」ないので、「人間が安定的な信頼関係を保てる集団のサイズ、信頼できる仲間の数は150人規模のまま」であるのに、**筆者の主張**「AIを駆使すればどんどん集団規模は拡大できるという幻想」によって、「意識のギャップや不安を生んでいるのではないか」とある。これが「このギャップ」に当たる。この内容を、指定字数以内にまとめる。

(2) □を含む一文には、「ところが」という逆接の接続詞がある。よって、□を含む一文は前の内容と反対の内容が述べられていると予想できる。前では、「かつては、人間も、身体感覚でさまざまな問題を解決してきました。お互いの関係や環境は毎日変わります」とあるので、この「身体感覚」や、「毎日変わります」という内容と対義的な内容の言葉が入ると考えることができる。よって、**エ**の「不変のルール」が正解。

(3) 傍線部②のあとに根拠となる説明がある。人間以外の動物の例として、**具体例**「ヌーの大群」「類人猿」が挙げられている。「類人猿」が「一定以上に仲間の数を増やすこと」ができなかったのは、「熱帯雨林を出ていない」ことが証拠であり、**根拠(理由)**「熱帯雨林を出て多様な環境に適応するためには、人間のように自分を犠牲にしても仲間のために尽くそうとする強い共感力をもった社会をつくる必要があるから」とある。この内容を指定字数内でまとめる。

(4) 文章Cの**17**段落には、「人類は、その進化の過程で、信頼関係を結ぶ仲間の数を増やし、社会の力を向上させてきました」とあり、**21**段落には、**根拠(理由)**「共感力を、人間は、家族よりずっと大きな集団に拡大してきました。それが今、弱体化しつつあります」とある。この内容が説明されている**ア**が正解。

(5) 傍線部③のあとに、自然破壊を起こす要因となった「西洋哲学」「近代科学」の考え方について説明されている。そして、**23**段落に、「こうした(=「西洋哲学」「近代科学」による管理の結果の大規模な自然破壊)中で注目されているのが、東洋哲学の中にある『容中律』(肯定でも否定でもなく、肯定でも否定でもある、とする論理)の概念なのです」とある。これが傍線部③の「新たな発想」に当たる部分である。さらに、**25**段落には、この「容中律」の考え方について、「世界は本来、『実は正解がいくつもある』というものに満ちています」と説明していることから、この部分を指定字数内でまとめる。

(6) **ア**は、**23**～**25**段落の内容に反するので不適。**イ**は、**17**段落で述べられている内容と、選択肢の文のつながりが反対になっているので不適。**ウ**は、筆者は「取り戻さなければならない」とまでは言っていないので不適。**エ**は、**29**・**30**段落の内容に合致する。**オ**は、本文に書かれていない内容なので不適。**カ**は、**19**～**21**段落の内容に合致する。**キ**は、「排中律」は「西洋発の概念」なので不適。よって、**エ**と**カ**が正解。

9 人間と機械のあいだ

石黒 浩

本文⊕34〜36ページ

本文図解

※問題を解く上で関連する箇所に小問の番号を付しています。

1 人間は二通りの方法で進化している。一つは遺伝子、もう一つが技術による進化である。(1)そもそも人間と動物の違いは、道具や技術を使うかどうかという点にある。道具や技術を使う動物が人間なのであり、道具や技術を発展させることで能力を高めていくのも人間の進化の方法である。

2 走る速さは変わらないのに、自動車や飛行機などの乗り物によって長距離をより短い時間で移動できるようになった。肉体の力も大して変わらないが、機械によって山をまるごと切り崩せるようになり、兵器によって都市を一瞬で破壊できるようにもなった。携帯電話を使って海外の人と話をする人間は、一〇〇年前の人間から見ればテレパシーの使い手であり、超能力者であろう。すなわち、人間は遺伝子と技術という二つの方法で進化を続けているのである。そして(1)技術による進化のスピードは、遺伝子による進化よりも遥かに速い。そのために人間と動物のあいだには圧倒的な能力差が生まれ、この世は人間に支配される世界になった。

3 技術が人間の進化であるのは、人間の能力をヒントに技術が開発されてきたからでもあるだろう。人間の作り出す道具や技術は、自らの能力を置き換えたり、さらに高めたりするものである。より遠くに移動するために自動車や飛行機を作り、建物を効率よく建てるためにさまざまな建築機械を開発する。より多くの人に情報を伝えるためにラジオやテレビを発明し、いつでもどこでも話

---

1 人間の進化の二つの方法
- ①**遺伝子による進化**
- ②**技術による進化**
  - 道具や技術を使うのは人間だけ
  - 道具や技術の発展による能力向上も進化の方法

2 具体例 乗り物や機械、携帯電話などによる能力向上
- ①遺伝子による進化（人間・動物）
  - ＜スピードの差
- ②技術による進化（人間だけ）
- 動物＜人間　能力差

3 技術…人間の能力をヒントに開発される
- 具体例 乗り物や機械、電話などによる能力向上
  - 人間の能力を機械に置き換え、機能を拡張

4 技術開発が止まったことはほとんどない

ができるように電話が生まれた。このように技術は、短期間のうちに人間の能力を機械に置換し、その機能を飛躍的に拡張してきたのである。

4 人間の能力を置換し、拡張する技術開発の歴史において、その技術開発が止まったことは一部の例外を除いてほとんどない。それには二つの理由がある。

5 人間は、能力を拡張して生き残っていくという宿命にしたがって、その能力を拡張し続けている。そしてその結果として生み出される技術は、豊かな経済活動を生み出す。人間の能力を拡張する新しい技術は、この世に繁栄し生き残るためには非常に魅力的なものであり、(2)それを手に入れ生活を豊かにすることが生きる目的となる。それゆえ、人類の歴史において、技術が衰退したことはほとんどない。

6 もう一つの理由は、(2)(5)技術開発そのものが人間理解のプロセスであるからである。より強い力を得て生き残るというだけでは、動物の生きる目的と大差ない。しかし、(5)それが「人間とは何か」という問いを含むものであるからこそ、技術開発は止まらないのではなかろうか。

7 そもそも(4)人間が技術を生み出せた理由は、その大きな脳にある。人間の脳は、その大きさと複雑さゆえに、自らを客観視することができる知能を持つ。人間には「自分を見る自分」を再帰的に認識できるという、ほかの動物にはない能力がある。

8 一方で僕らは、自分の顔すら見ることができない。(3)人間を含む動物の多くの感覚器官は、進化の過程で皮膚が変化したものであり、ほとんどが外側に向いているからである。だから(3)自分の顔も、あるいは自分の胃や腸の中も見ることができない。しかし、(3)(4)人間の脳は、感覚器官を通して得られる膨大な情報をつなぎ合わせることで、脳の中に普遍性をもった「自分」のモデルを作りあげる。これが「客観的に自分を理解する」ということである。脳内で自分や世界をモデル化できる知能を持ったからこそ、人間は自らの能力を参照し、技術に置き換えることができたわけだ（むろん「客観的認識」というものは原理的にあり得ない。「客観的な」自分の理解とは、ある程度の普遍性を

5

理由①
新しい技術＝この世に繁栄して生き残るためには魅力的であり、それを手に入れて生活を豊かにすること自体が生きる目的となる。

6

理由②
技術開発そのものが人間理解のプロセス。

主張
「人間とは何か」という問いを含むものだから技術開発は止まらないのではないか。

7

人間が技術を生み出せた理由…大きくて複雑な脳
自らを客観視できる知能を持つ
「自分を見る自分」を再帰的に認識できる
→ほかの動物にはない能力（＝人間だけができる）

8

← 一方で
感覚器官は体の外側に向いている
← だから
人間は自分の顔も体内も見られない
← しかし
人間の脳は情報をつなぎ合わせることで、脳の中に普遍性をもった「自分」のモデルを作りあげる
＝**「客観的に自分を理解する」**ということ
←
脳内で自分や世界をモデル化できる知能があることで、人間は自らの能力を参照し、機械に置き換えられた

もった自己意識を確立できているという意味である)。

9 ゆえに、(4)(5)技術そのものが人間をモデル化し、理解するための直接的な手段となる。人間の能力を技術に置き換えることは、人間をモデル化することにほかならない。たとえば、生身の腕をロボット義手に置き換え、生身の腕と同じかそれ以上の機能を得ることができたとすれば、そのロボット義手は人間の腕とみなしていいだろう。そして、それは同時に、ロボット義手を通して「腕」を完全にモデリングできたことでもある。こうした自らをモデル化できる知能ゆえに人間は、「人間とは何か」を問い続けるようになったのかもしれない。

10 技術の歴史とは、人間の機能を機械に置き換えてきた歴史である。そして(5)人間は、そのことをとおして「人間とは何か」ということを考えてきた。革新的な技術が発明されればいつも、それをもとに人間全体が置き換えられるかどうかを試してきた。

11 たとえば時計の技術が進んだスイスでは、その自動化の技術によって、オートマタと呼ばれる自動人形が作られた。一九世紀には、ジョージ・モアによって蒸気機関で動く機械人間が考案された。近年の日本において、さまざまな人間型ロボットが開発されているのにも、同様の意味があるのだろう。

12 (5)人間の機能の技術への置き換えは、人間をモデル化することによる人間理解であると同時に、消去法的な人間理解の方法でもある。技術によって置き換えられる部分には人間の本質がないと考える人は多いだろう。では、人間の身体をどんどん機械に置き換えていったとき、最後に人間のコアのようなものが、果たして残っているのだろうか?

13 〈中略〉今日では、手足が義手や義足でも、むろん普通の人間として人間社会に受け入れられる。ペースメーカーや除細動器を体内に植え込む手術も、人工臓器も通常の医療行為である。もはや肉体は、人間であることの条件から外れかかっているのである。だから(5)技術による人間の機能の置き換えというのは、人間であることの条件から、生物としての人間固有のものを削ぎ落としながら、人間の定義を見定めようとする行為でもあるのだ。

---

9 ← ゆえに
技術＝人間をモデル化し、理解するための直接的な手段
技術への置き換え＝人間をモデル化すること
具体例 ロボット義手と生身の人間の腕

10 技術の歴史＝人間の機能を機械に置き換えてきた歴史
→「**人間とは何か**」ということを考えてきた

11 具体例 自動人形や機械人間、人間型ロボットの考案・開発

12 技術への置き換え＝消去法的な人間の理解
→人間の身体を機械に置き換えていったとき、最後に人間のコアのようなものが残るのか?

13 具体例 義手や義足、人工臓器など
肉体は、人間であることの条件ではなくなりつつある

← だから

主張 **技術による人間の機能の置き換え＝人間の定義を見定めようとする行為でもある。**

全体の段落構成
1〜3 前提 技術は人間の進化の方法
4〜6 本論1 技術開発が止まらない理由
7〜9 本論2 人間のモデル化と技術開発
10〜13 結論 技術による人間の機能の置き換え＝人間を定義する行為

解答

(1) （例）人間に特有の進化の方法であり、遺伝子による進化よりもスピードが速い（という特徴。）（33字）

(2) ウ・エ

(3) ア

(4) （例）（技術を生み出すためには、）人間の、自己を客観的に理解する知能が必要であり、その反映である技術への置き換えは、人間理解そのものだと言えるから。（57字）

(5) イ

解説

(1) 指定語をヒントに文章を読んでいくと、傍線部①のあとで「人間と動物の違いは、道具や技術を使うかどうかという点……道具や技術を使う動物が人間」と述べられている。つまり、「技術による進化」は人間に特有のものであるといえる。また、**2**段落では「技術による進化のスピードは、遺伝子による進化よりも遥かに速い」と述べられている。これらの内容を、指定語を用いてまとめればよい。

(2) 傍線部②のあとに「二つの理由がある」とあり、**5**・**6**段落でその内容が詳しく述べられている。理由①「人間は、能力を拡張して生き残っていくという宿命」をもっており、「その結果として……技術は、豊かな経済活動を生み出す」。その技術は「非常に魅力的なものであり、それを手に入れ生活を豊かにすることが生きる目的となる」。また、理由②「技術開発そのものが人間理解のプロセス」とある。これらの内容に合致する**ウ**・**エ**が正解。**ア**は「生き残ることができない」、**イ**は「新しい……人間は、他者にとって魅力的」が本文中で述べられていないため、不適。**オ**は「人間が世界を支配」していることは**2**段落で述べられているが、傍線部②の理由にはならないので不適。

(3) Aの前で「感覚器官は、……外側に向いている」、あとでは「自分の顔も、……見ることができない」と述べられており、前の内容から推測される内容があとにくるので、順接の接続詞である**ア**「だから」、**ウ**「そのため」が候補となる。さらに、Bのあとでは「人間の脳は、……普遍性をもった『自分』のモデルを作りあげる」と述べられており、前の内容から推測されない内容があとにくるので、逆接の接続詞である**ア**「しかし」、**エ**「ところが」が候補となる。よって、正解は**ア**。

(4) 本文における「モデル化」とは、**8**段落に「『自分』のモデルを作りあげる。これが『客観的に自分を理解する』ということ」とあるように、客観的に理解することを意味する。次に、設問文を参考に「技術を生み出すために」必要なものを確認すると、**7**段落に「人間が技術を生み出せた理由は、……自らを客観視することができる知能」とある。また、傍線部③の前に「技術そのものが人間をモデル化し、理解するための直接的な手段」とも述べられている。これらの内容をまとめればよい。

(5) **ア**は、「技術によって……拡張したこと」は**3**段落などで述べられているが、「身体が……高度な機能を失っ」たとは述べられていないため、不適。**イ**は、**6**段落以降で繰り返し述べられているように、人間は技術開発によって「人間とは何か」という問いに対する答えを見つけようとしてきた。そして、**13**段落で筆者は主張「技術による……生物としての人間固有のものを削ぎ落としながら、人間の定義を見定めようとする行為」とまとめている。この内容に合致する。**ウ**は、人間が「技術の力によって世界を支配するようになった」ことは**2**段落の内容と合致するが、人間が「技術による進化」と「遺伝子による進化」に優劣をつけていたとは述べられていないため、不適。**エ**は、「人間の肉体が人間であることの条件ではなくなりつつある」ことは**13**段落の内容と合致するが、「身体の技術への置き換えは積極的に進められるべき」とは述べられていないため、不適。

10

数学　想像力の科学

瀬山　士郎

本文⊕37〜39ページ

※問題を解く上で関連する箇所に小問の番号を付しています。

本文図解

1 『おもひでぽろぽろ』（岡本螢作、刀根夕子絵、青林堂）という名作漫画があります。アニメーション映画にもなったのでご存じの方も多いでしょう。その中で、主人公の妙子ちゃんが分数のわり算がどうしても分からずべそをかくシーンが出てきます。〈中略〉一人で考え込んだ妙子さんは「だって、2/3個のリンゴを1/4で割るなんて……どういうことかぜーんぜん想像できないんだもの」とつぶやくのです。

2 私は、このシーンは数学の理解にとって象徴的な場面だと思います。分数のわり算はひっくり返してかければいい、計算それ自体は妙子ちゃんにとってもそんなに難しいことではなかったでしょう。

$$\frac{2}{3} \div \frac{1}{4} = \frac{2}{3} \times \frac{4}{1} = \frac{8}{3} = 2\frac{2}{3}$$

が形式的な計算です。

3 ですが、⑵妙子ちゃんが疑問に思い引っかかっていたのは、この形式的な計算手続きではない。そうではなくてまさしく、この計算手続きは何を意味しているのか、わり算ってどんな計算なのか？ということだったのです。整数でわるだけなら、何等分するという考えで意味がつきますが、分数でわるとなると、「何等分かするとは1あたり量を求めることだ」を理解する必要があります。妙子ちゃんが「ぜーんぜん想像できな」かったことを想像するためには、わり

---

1 具体例　漫画『おもひでぽろぽろ』のシーン
妙子ちゃん…分数のわり算ができない
分数を分数でわるとはどういうことか想像できない

2 数学の理解にとって象徴的な場面

3 妙子ちゃんの疑問…
形式的な計算手続きではなく、
わり算とはどんな計算なのか
何等分かするとは
1あたり量を求めること
＝もう一つ上の想像力

算についてのもう一つ上の想像力を必要としたのでした。そして(2)その想像力はわり算の意味を考えることから生まれるものだったのです。

4 数学は形式を駆使する学問です。数学にとって形式という仕組みはなくてはならないものです。そして、数学の形式の一番大きな特徴は、論理という歯車によって動かされることです。その論理は基本的にはいわゆる演繹論理、三段論法と呼ばれる論理で、

AならばB、BならばC、したがってAならばCである

です。もちろん、三段論法は積み重なることで、五段論法にも十段論法にもなります。演繹論理は論理の歯車を廻《まわ》す潤滑油のようなもので、この論理の使い方を学ぶことは数学にとってとても大切です。(3)三段論法を繰り返し用いると、疑問の余地のない筋道が通った説明ができます。

5 数式の計算とは記号化された演繹論理の連鎖なのだ、と考えることもできます。その意味では、小学生でも算数の計算で数学の論理の骨格を学んでいるのです。中学生になると、代数計算に加えて平面幾何学の論証で直接に論理を学びます。中学生が学ぶ平面幾何学の論証は完全には記号化されず、数学記号交じりの日本語で表現されるのが普通ですが、こうして、演繹論理の大切さは、数学だけでなく日常生活の中での論理としても多くの人の共通感覚となっていきます。

〈中略〉

6 数学の面白さの源泉とはなんだろうか。もちろん、さまざまな問題を考えて結論に到達することです。その結論が興味深いもので、かつ、その解答に至る証明が今まで誰も考えていないものだったら、専門の数学者はそれを論文として発表し、多くの数学者によってその正しさが検証されます。検証の過程では、〈中略〉論理がとても大切な役割を果たすはずです。論理的な誤りがあれば、残念ながら証明は間違いです。ところで、子どもたちが出会う証明問題はすでに

---

4 数学は形式を駆使する学問
…論理という歯車によって動かされる
演繹論理、三段論法＝AならばB、BならばC、したがって AならばCである
← 疑問の余地のない筋道が通った説明ができる

5 ← 数式の計算＝記号化された演繹論理の連鎖

6 問題提起 数学の面白さの源泉とは？
→ さまざまな問題を考えて結論に到達すること
子どもたちが出会う証明問題…正しい結論に向けて論理を紡ぐ
↔ しかし
専門の数学者…正しい結論に向けて論理をつなげて行くのではない

7 ← 数学者は
自分が正しいと確信している結論に向けて論理を操っている

結論が正しいことは分かっていますから、そこでは正しい結論に向けて、出発点(仮定)からどのように論理の連鎖を紡いでいくのかが問題となります。しかし、専門の数学者は、正しい結論に向けて論理をつなげて行くわけではありません。では、数学者たちはやみくもに論理を操り、そこで到達した結論を定理として発表しているのでしょうか。もちろんそうではありません。

7

ここに問題の核心があるのです。数学者は正しい結論に向けて論理を操っているのではない、そうではなくて、数学者は自分が正しいと確信している結論に向けて論理を操っています。自分には正しいと「分かって」いる結論を、連鎖の鎖ですでに正しいことが証明されている知識と結びつけようとしています。数学者にはどうしてその結論が正しいと「分かって」いるのでしょうか。

8

(7)それまでの数学的経験と学んできた数学の知識を土台にした想像力が、その結論が正しいことは間違いがないと数学者個人に告げています。彼や彼女はその結論が正しいことを演繹論理による証明を通して知っているわけではありません。(5)(6)演繹論理で証明された判断を合理的判断というなら、証明以前の数学者の判断は合理的判断ではありません。そうではなく、その結論が正しいことを想像力を通して知っているという意味で、(5)(6)数学者の判断は直感的判断です。数学の新しい発見の原動力は想像力にこそあると思います。(7)数学の面白さは、それまでの経験や知識の枠組みを超えて、想像力で新しい定理、つまり数学者にとって正しいと確信できる事実を発見し、それが正しいことを証明していくこと、そして、その過程において、今までとは違った新しい証明方法を開拓していくことなのです。直感的判断を合理的判断に変えていくことです。想像力こそが数学の創造力の源泉なのです。

9

こう考えると数学者の行為は古典的探偵小説の探偵の役割に似ています。探偵は演繹論理で犯人を捜し出すわけではありません。(6)彼の直感的推理が疑わしいと告げる人物がほんとうに真犯人であることを合理的判断に結びつけて証明しているのです。〈後略〉

8

それまでの数学的経験と知識を土台にした想像力による

・演繹論理で証明された判断＝合理的判断
・証明以前の数学者の判断＝直感的判断

→直感的判断を合理的判断に変えていく

主張 想像力こそが数学の創造力の源泉。

9

演繹論理ではなく、
直感的推理によって疑わしい人物が真犯人であることを、
合理的判断に結びつけて証明

主張 数学者は探偵に似ている。

全体の段落構成

1〜3 話題：わり算の意味を考える想像力
↓
4・5 本論1：数学は論理によって動く
↓
6〜9 本論2：想像力こそが数学の創造力の源泉

解答

(1) 二番目…4　三番目…6
(2) わり算の意味（6字）
(3) （例）（数学記号を用いて、）論理を積み重ねていき、筋道が通った説明をすること。（25字）
(4) ア
(5) ⓐ直感的判断　ⓑ合理的判断
(6) （例）数学者も名探偵も、直感的に正しいと確信したことを、合理的に正しいといえるように証明していくから。（48字）
(7) イ

解説

(1) 3段落までは、具体例 漫画『おもひでぽろぽろ』のシーンを挙げて、わり算の意味を考えるという想像力について述べている。また、4・5段落では、筆者の主張の根拠として、演繹論理という数学の論理の基本について説明している。これらを踏まえて、6段落以降で、〝数学の面白さの源泉は何か〟について論じている。

(2) 傍線部①は、同じ3段落にあるように、具体例 漫画『おもひでぽろぽろ』で、「妙子ちゃんが疑問に思い引っかかっていた」ことの答えとなる内容。「わり算ってどんな計算なのか？」という妙子ちゃんの疑問は、「わり算の意味」についての疑問である。

(3) 傍線部②は、前の文の「三段論法を繰り返し用いる」を言い換えたものである。三段論法を積み重ねて五段、十段としていくように、演繹論理を連鎖させる、つまり論理を積み重ねていけば、「筋道が通った説明ができ」るのである。これを指定字数内でまとめればよい。指定された書き出しに合うように注意すること。

(4) □の前では「子どもたちが出会う証明問題」は「結論が正しいことは分かって」いて、「どのように論理の連鎖を紡いでいくのかが問題となる」ことが、□のあとでは「専門の数学者は、正しい結論に向けて論理をつなげて行くわけでは」ないことが述べられている。前の内容から推測されない内容があとにくるので、逆接の接続詞である**ア**が適切。

(5) ⓐ・ⓑを含む一文は、前の「数学者にとって正しいと確信できる事実を発見し、それが正しいことを証明していくこと」を言い換えたものである。よって、ⓐには証明前の状態＝「直感的判断」、ⓑには証明後の状態＝「合理的判断」が入る。

(6) 傍線部③のあとでは、探偵について「直感的推理が疑わしいと告げる人物がほんとうに真犯人であることを合理的判断（＝道理にかなった論理的な判断）に結びつけて証明している」と説明されている。これは7・8段落で説明されていた、数学者は「想像力」で「新しい定理」を発見し、それが正しいことを論理を操って証明していく、ということと対応している。つまり、数学者も探偵も、直感的な発見が本当に正しいと合理的に証明していくということが、数学者と探偵が似ていると筆者が考える理由である。この内容を指定字数内でまとめればよい。

(7) 筆者は、1〜5段落までで述べてきた内容をもとに、6段落以降で主張を示して結論をまとめている。6段落で 問題提起「数学の面白さの源泉とはなんだろうか」という問いを提示し、7・8段落で、数学者は「自分が正しいと確信している結論に向けて論理を操ってい」ること、その「確信」は「それまでの数学的経験と学んできた数学の知識を土台とした想像力」によるものであることを述べ、主張「数学の面白さは、……開拓していくこと」とまとめている。この内容に合う**イ**が適切。**ア**は、「誤りだという証拠を見つけ」ることが「数学の面白さ」だとは述べられていない。**ウ**は、数学者が「論理をねじ曲げてでも……主張する」とは述べられていない。**エ**は、「論理的なものの見方の重要性を、……伝えることができる」とは述べられていない。

11

現代思想講義

船木 亨

本文↓40〜43ページ

本文図解

※問題を解く上で関連する箇所に小問の番号を付しています。

1 (1)AIは判断を創出しているのではなく、ひとびとのあらゆる判断を、ひとが感覚できないものまでのさまざまなデータを含め、〈中略〉ネット上のクラウドを介して繋がりあって、ひとが記憶できないほどの大量のデータ（ビッグデータ）を用いてシミュレートするだけである。

2 (1)正しい判断をするのではなく、正しいとされた判断をさらにデータとしてインプットして、正しいとされる判断の確率を上げていくだけだ。AIスマートロボットがギャグをいうにしても、それは世界中のひとたちの笑いの反応をクラウドを通じてフィードバックしているからであって、それらにとってはちっともおかしなことではないのである。

3 〈中略〉機械にとっての正しさは、精確に作動すること、バグがないことでしかないのだ。誤りも、ただ訂正すべきデータにすぎず、それらにとっては、恥ずべきことなのではない。

4 したがって、もしAIにありとあらゆる判断を任せてしまうとしたら、それは確かに何らかの判断を示すだろうし、その判断は、いずれにせよ多くのひとが納得する妥当な判断ではあるだろうが、しかし、(6)そこに「未来」はない。

5 (3)未来とは、現在よりもよい状態になっているはずの、これから先のある時点のことである。単に(3)時間の未来ということであれば、いつの時代にも未来はあるが、それはひとが期待して、それに向かって努力しようとする「未来」で

---

1 AI…大量のデータ（ビッグデータ）を用いたシミュレートをする

2 ← 正しい判断をするのではなく、正しいとされた判断から正しいとされる判断の確率を上げるだけ

具体例 AIスマートロボットのギャグ

3 AIにとっての人間…統計的存在者

「正しさ」は人間にとってのもの

4 AIに判断を任せる→「未来」はない

5 ← 人間の「未来」…現在よりもよい状態になっているはずの、これから先のある時点

↔ AIの「未来」…現在の延長でしかない

6 具体例 AIの「未来」…時間測定法における未来

夢や希望がない

現在の廃墟、疑似過去

はない。AIの説く未来は、現在の延長でしかない。

6 AIの前提する未来においては、(3)ただ時だけが刻一刻と経ち、暦がその数を積み上げていく。それは、時間測定法における未来であって、われわれの「未来」ではない。そこに夢や希望はない。未来という語が夢や希望という語と相重なっていた時代が終わり、未来という語で、せいぜい似たような要素がくり返し姿を現わす退屈な現在か、あるいはいたるところ、現在の廃墟としての、破滅と悲惨とが組み込まれた疑似過去が待ち受けるばかりとなる。

7 AIの判断は、〈中略〉過去に起こったことを未来に引き伸ばして予想する、その推測を詳細に徹底したものである。〈中略〉ところが、そうした異例のことをなそうとする判断の向こうにこそ、人間の考える「未来」がある。

8 ルーティーン化した業務における判断に対し、その判断の帰結から生じる悲劇についての感性こそが、人間の判断を賦活して、いつもとは異なった判断へとひとを差し向ける。〈中略〉

9 (4)(6)AIが普及するということは、社会におけるさまざまな業務の運営が自動化され、人間からするとすべてが成りゆきまかせで何とかなるようになるということである。そこには、判断に意義を与えてきた「未来」を考える人間がいなくなってしまう。

10 だから、わたしがAIに心配するのは、AIが人類を未来の消失から救ってくれそうもないということなのだ。むしろ、それに加担する装置なのではないかということだ。

【中略】（**11** AIの普及による人間の変化）

12 近代（モダン）にこそ、「未来」があった。歴史の発展段階があると前提されていたからである。「つぎの時代」があると前提されていたからである。

13 今日、「未来」がないのは、社会が悪いから、悲観的材料しかないからではない。AIが出現したからでもない。逆に、AIが普及し得る社会が到来した

---

7 AIの判断＝過去から未来を推測するもの
→ルールあり、条件の変化なし…最強
あり得ないこと、いつもと違うことをする判断はしない
↔ ところが
主張 異例のことをなそうとする判断の向こうに人間の考える「未来」がある。

8 人間の、判断から生じる悲劇についての感性
→判断を賦活（＝活発化）し、いつもと異なる判断へ差し向ける

9 AIの普及＝成りゆきまかせで何とかなる
←「未来」を考える人間がいなくなる

10 AIは人類を未来の消失から救ってくれそうもない
むしろ→未来の消失に加担する

11 AIの普及により、人間は状況改善や理想社会へ向かうことを思いつかなくなる

12 近代（モダン）…「未来」があった
→発展した「つぎの時代」があるという前提

13 主張 AIが普及し得る社会が到来→AIが出現した。

14 から、AIが出現した。すなわち、それが(4)ポストモダン社会である。ポストモダンとは、近代が終わったということである。近代が終わったということは、〈中略〉「未来」がなくなったというそのことなのである。

15 なぜポストモダンになったのかとか、どうやったらまた近代のようになるのかとか、尋ねてみたいひともいるだろう。だが、(4)モダンという「進歩する歴史」の時代を支えた人間の意識が摩耗してしまったというだけのことなのだ。ひとびとはただ、(4)そのような意識が虚しいと知ってしまった、人間が歴史の主人公ではないということを知ってしまった。モダンの神話が消えて、西欧文明の価値が暴落した、ということなのだ。〈中略〉

16 AIが普及しつつあること自体は「未来」なのではないか、と思う人もいるかもしれない。便利で楽な社会である。しかし、その普及は人類の進歩ではない。人間が歴史の主役の座から降りるのだから。

17 AI、およびそれを活用した機械とロボットとネットの普及は、そのような意味での「未来」ではない。未来ではないということは、成りゆきまかせということだ――どうなるかは、やってみなければ分からない、ということだ。

18 数十年後にははっきりしてくるだろうが、(5)新しい環境のなかで、人間性も変わるだろう。だから、そうしたことを嘆くひともいなくなっているに違いない。

19 (5)管理社会になるといって反発しているひとも、プライバシーが失われると気にしているひとも、機械の方が人間より優れていることに憤りを感じているひとも、自分が担当すべきだった仕事をいつのまにか機械がしていることに気づくひとも、すべていなくなってしまっているだろう。われわれはそれほど悪いことをしたつもりではなかったのに。

20 いまだからこんな話ができる。というのも、「確かに何か変だ」と感じるひとたちが、まだ大勢いるだろうからである。とはいえ、パソコンのディスプレイが少しずつ汚れていって色が薄くなってしまっていて、ある日ふと拭いてみ

---

14 **ポストモダン社会**…近代が終わった

15 モダン(=「進歩する歴史」)の意識が虚しいと知った
人間が歴史の主人公ではないと知った
モダンの神話が消えて西欧文明の価値が暴落した

16 AIの普及は人類の進歩ではない

17 AIやそれを活用したものの普及は「未来」ではない
=成りゆきまかせ

18 環境の変化によって人間性が変わり、
「未来」の消失を嘆くひともいなくなる

19 具体例 管理社会、プライバシー消失、機械優勢への意識や
反発を抱くひと→いなくなる

20 いま…「確かに何か変だ」と感じるひとたちが大勢いる
数十年後…自分の社会認識のディスプレイを拭いてみようとは思い
つかない(=人間性の変化)

21 AI…効率がよい
ロボット…人件費よりも安価

たら、驚くほど鮮やかな色になったというようなことが、おそらく数十年のあいだに起こるのだし、しかしそのときは、だれも自分の社会認識のディスプレイを拭いてみようなどとは、思いつきもしないのだ。

【中略】（**21** AIとロボットが普及する理由）

22 つまり、(6)現代の最大の問題は、いま起こりつつある人間性の危機に対して、AIがまったく役に立たないということであり、かえって危機に対処する人間を減らしていくだろうということである。それなのに、ひとびとはAIに頼ろうとしているのだ。

23 (6)AIの普及は人類の素晴らしい未来を作るのではなく、人類の「未来」を、未来という概念もろともに奪い去る。ひとは、過去に向けて「なぜこうなったか」という問いを抱くであろうか、あるいは未来に向けて「AIによってどうなるのか」と問うであろうか――もしかして、それをAIに問うのであろうか。

24 しかし、歴史に因果性はない。「あることをしたら、その結果がこうなる」という必然的連関はない。なるほど別のことをしたら別のようになったという可能性はある。だからといって、そのことが、その後の結果の「原因」なのではない。

25 歴史はすべて偶然だといいたいのではない。歴史は総体的に推移する。現われる現象は、どんなに違うジャンルでも、その総体的推移の結果なのであり、それらがみなおなじひとつの方向を指しているように捉えなおされる現象である。(6)歴史の原因よりも、その推移のなかで、ひとびとの感性や発想が次第に変化していくのを理解することが重要なのである。

---

22 AIの普及→人間を放逐する

主張 ← つまり

現代の最大の問題
…AIは人間性の危機に対して役に立たない。
かえって危機に対処する人間を減らす。

↔ それなのに

ひとびとはAIに頼ろうとする

23 AIの普及は人類の「未来」を概念ごと奪い去る

24 歴史に因果性や必然的連関はない

↓

25 主張 **歴史は総体的に推移する。**

→歴史の推移のなかで、ひとびとの感性や発想（＝人間性）が次第に変化していくことを理解することが重要

全体の段落構成

段落	構成	内容
1・2	前提	AIは「判断」を創出しない
3〜10	本論1	AIの普及による「未来」に向けた判断の消失
11〜23	本論2	「未来」なきポストモダン社会のAIと人間性の変化
24・25	結論	歴史の総体的な推移のなかで、人間性が変化することを理解することが重要

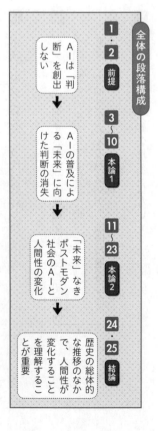

解答

(1) **ア・エ**

(2) **ア**

(3) ⓐ（例）現在よりもよい状態になることを期待して努力されるもの（26字）
ⓑ（例）発展の望めない、時間的に先なだけの時点（19字）

(4)（例）「進歩する歴史」という意識の虚しさに人間が気づき、成りゆきまかせを受け容れるようになった社会。（47字）

(5)（例）AIが普及して環境が変わり、人間性が変化した後では、変化の過渡期において生じた懸念や反発を抱くひともいなくなってしまうということ。（65字）

(6) **ウ**

解説

(1) 傍線部①は、❶・❷段落で述べられているAIの判断について挙げた［具体例］「AIスマートロボットのギャグ」についてのものである。AIは「判断を創出」せず、「大量のデータ（ビッグデータ）を用いてシミュレート」して、精度を高めていく。ギャグにおける精度とは、〝人間がおかしいと感じる〟ということなので、「世界中のひとたちの笑いの反応」をデータとして用いているのである。これらの内容に合致するのは**ア**と**エ**。

(2) 前後の文脈から適切な接続語の組み合わせを考える。[A]の直前にある「機械にとっての正しさは、精確に作動すること、バグがないことでしかないのだ。誤りも、ただ訂正すべきデータにすぎず、それらにとっては、恥ずべきことなのではない」は、❶・❷段落で述べられている、「AIは……ひとが記憶できないほどの大量のデータ（ビッグデータ）を用いてシミュレートする」「正しい判断をするのではなく、正しいとされた判断をさらにデータとしてインプットして、正しいとされる判断の確率を上げていく」という内容の言い換えである。そして、[A]のあとでは、「AIにありとあらゆる判断を任せてしまう」ことを仮定して、「それ（＝AI）は確かに何らかの判断を示すだろうし、その判断は、……多くのひとが納得する妥当な判断ではあるだろう」と述べている。前の内容から推測される内容があとにくるので、順接の接続詞である**ア**「したがって」、**ウ**「ゆえに」が候補となる。[B]の前では、AIの判断について「あり得ないことに挑戦するとか、いつもと違ったことをやってみるという判断は、そこにはない」と述べ、あとでは、［主張］「そうした異例のことをなそうとする判断の向こうにこそ、人間の考える『未来』がある」と述べている。前の内容から推測されない内容があとにくるので、逆接の接続詞である**ア**「ところが」、**イ**「しかし」が候補となる。よって、正解は**ア**。

(3) 「ひとにとっての未来」については、傍線部②の前の部分で「現在よりもよい状態になっているはずの、これから先のある時点」「ひとが期待して、それに向かって努力しようとする『未来』」と述べられている。「AIの説く未来」については、傍線部②の直後の段落で［具体例］「時間測定法における未来」、つまり時間的に先の時点であるものの、「われわれの『未来』（＝ひとにとっての未来）ではない。そこに夢や希望はない」と述べられている。❶段落にあったように、AIは現在の情報をもとに判断を行うので、現在以上のものは創出できないのである。これらの内容をそれぞれ空欄に合うようにまとめればよい。

(4) 「AIが普及」することの意味については、❾段落で、「すべてが成りゆきまかせで何とかなるようになるということ」だと述べられている。また、傍線部③の直後には「すなわち」という言い換えの語があり、「それ（＝AIが普及し得る社会）がポストモダン社会」と述べられている。

「ポストモダン社会」がどのようなものかは、15段落で「モダン（＝近代）という『進歩する歴史』の時代を支えた人間の意識が摩耗してしまった」「ひとびとはただ、そのような意識（＝『進歩する歴史』という意識）が虚しいと知ってしまった」と述べられている。これらの内容をまとめればよい。

(5) 傍線部④の比喩は、18・19段落で述べられている、「新しい環境（＝AIが普及した環境）のなかで、人間性も変わる」具体例「管理社会になるといって反発しているひとも、……すべていなくなってしまっている」という内容を言い換えたものである。変化の過渡期である現在には、『確かに何か変だ』と感じるひとたちが、まだ大勢いる」（20段落）が、変化した後の段階では、そのように感じるひとがいなくなってしまうというのである。これらの内容をまとめればよい。

(6) **ア**の「AIやロボットが普及することにより、人間は自分がすべきだった仕事を奪われてしまう」ということは19段落や21段落で述べられていることと合致するが、「そうした人々の不満を解消しない限り、AIは人間にとって未来を失わせる以上の存在にはなり得ない」ことや、「歴史を振り返ることによって人々の感性や発想を転換させ」られること、「AIと人間が共存する社会を目指すべき」という主張は本文から読み取れない。

イの「人間はこれまで、その感性によって判断を活発化し、通常と異なる判断を行うことで未来を切り開いてきた」は7・8段落の内容と合致するが、「昨今普及しているAIは、人間以上に正確な判断を行える」ということは述べられていない。「ポストモダン社会におけるAIの活用については、慎重に検討する必要がある」という主張も本文からは読み取れない。

ウの「AIが普及するということは、人間が未来について考えることがなくなるということであり、それでは人間らしい『未来』が失われてしまう」は9段落などの内容と合致する。「AIは人間性の危機に対して役立たない上、危機に立ち向かう人間も減らしてしまう」は、22段落の内容と合致する。「歴史の総体的な推移のなかでの人間の感性や発想の変化を理解することが重要である」は、25段落の内容と合致する。

エの「大量のデータによるシミュレートという形でしか判断のできないAIに判断を任せてしまうと、人間は人間らしい未来を失うことになる」ということは1〜10段落で述べられている内容に合致するが、「現在以上にAIが普及す」ることでそうした状況が改善されるとは述べられていない。

よって、正解は**ウ**。

12 近代科学を超えて

村上 陽一郎

本文⊕44〜48ページ

本文図解

※問題を解く上で関連する箇所に小問の番号を付しています。

1 自然科学といえども、単に「事実」や「データ」がありさえすればそれでよいというわけにはいかない。しかし、それでは、データと理論との間には何が介在するのであろうか。それを価値もしくは意味の問題に絞って考えていくことにする。

2 (1)自然科学は、人文科学や社会科学と違って人間の価値判断から解放されているという特徴をもっている。自然科学では、扱われる対象としての事実群が観測者たるわれわれに冷厳に強制することがらだけを、われわれが受け取り、それを処理すればよいのであって、たとえば歴史を編む場合のように、事実の認識や選択に、人間の主観の操作が入り込む余地はない。このような自然科学のもつ「没価値性」こそが、今日自然科学の、全地球的な普及、つまりは歴史的な時間と空間を超越した全面的な普遍性の基盤となるものなのだ。

3 自然科学の特性を語る場合に、価値の問題が絡むと、つねにこの種の議論が現れる。これほど素朴な形はとらないとしても、科学と価値を巡る議論のおおむねの骨子は、科学の「客観性」を「没価値性」に重ね合わせることが多く、それを出発点として、さまざまなバリエーションが出てくることになる。

【中略】（4〜6 具体例 コーニック枢機卿の談話）

7 察するところコーニック枢機卿は、第三番目の知識カテゴリー、すなわち「現実を無私の心で眺めたときに得られる素朴な知識」と、自然科学の知識とを等

---

1 自然科学…「**事実**」「**データ**」があればよいわけではない
→データと理論との間には何が介在するのか

2 具体例 自然科学は人間の価値判断から解放されており、事実の認識や選択に、人間の主観は入り込まない
→自然科学は「没価値性」をもち、「没価値性」こそが今日の自然科学の普遍性の基盤

3 この種の議論
…科学と価値を巡る議論では、科学の「**客観性**」と「**没価値性**」を重ね合わせる

4〜6 具体例 コーニック枢機卿の談話
・「本質的な神の啓示」による知識
・「哲学的な思索」による知識
・「現実を無私の心で眺めたときに得られる素朴な知識」
の三者を鋭く峻別し混同しない

7 コーニック枢機卿…「現実を無私の心で眺めたときに得られる素朴な知識」と自然科学の知識とを等置して考える

置して考えていると思われる。そうした考え方のなかには、(2)「現実」はユニークであり、それを「無私の心」つまり〈中略〉「現実」の姿が、だれの眼にも一様に映じ、誰にもそれを「素直に」理解することができるはずである、とする強い確信がある。

8 この確信、信念は、まさしく近代に特有のものである。

9 更めて論ずるまでもなく、(2)(4)近代は、神学から哲学が分離し、哲学から自然科学が分離したうえで、それぞれが、お互いの守備範囲を確認し、相手の守備範囲を侵害しないという不可侵条約を締結した時代であったと言ってよかろう。〈中略〉

10 そのとき、(3)科学の守備範囲は、「現実」との素朴な接触によって得られる「客観的な」事実の世界のみに限られる。一方、哲学的な構築は、そうした事実群から成立している自然科学的な世界のうえに、主観的な作業によって築き上げられるという知識のヒエラルキーが存在することになる。そして最後に神の啓示は、前二者のような「人間的な」種類の知識とは別の源泉から、別の方法によって、人間存在の深奥をうつものとして措定されるわけである。

11 啓示の問題については、ここで論ずるのを控えよう。だが、コーニック枢機卿の言うごとく、(2)客観的世界と主観的世界とを、近代がこのように弁別したことによって、科学と哲学の両者は、その守備範囲のなかにいる限り、お互いにわずらわされずに、独自に発展・展開することができると考えられたのであり、いわば、(4)科学、哲学、神学は、中世における三者の一体的状況を脱却して、それぞれが、専門化、独立化の途をたどることになったと言えよう。

12 このような図式のなかでとらえられる場合、自然科学の扱う世界、またそれによって構築される世界が、すべての偏見や先入観や価値観から自由な、無色透明の、中立の……つまり一言で言えば「没価値」的な性格をもっていることは、ほとんど必然的になってしまうはずである。

13 たしかに、その(4)三種の知識を区別して、それぞれの範囲のなかで、閉鎖的な自律性を保たせ、なかんずく、科学的知識のカテゴリーに「客観性」とい

→「現実」はユニーク(＝独特、唯一無二)で、「現実」の姿は誰もが同じように「素直に」理解できるとする強い確信がある

8 **主張** この確信は近代に特有。

9 近代…神学から哲学が分離、哲学から自然科学が分離
お互いの守備範囲を侵害しないという不可侵条約を締結

10 科学の守備範囲＝「客観的な」事実の世界
哲学の守備範囲＝「客観的な」科学のうえに主観的な作業によって築かれる
→知識のヒエラルキーが存在する

11 客観的世界と主観的世界とを近代が弁別した
＝中世における三者の一体的状況を脱却→専門化、独立化

12 このような図式のなかの自然科学＝「没価値」的な性格をもつ

13 ← 科学的知識に「客観性」という特性を付与することの妥当性(「機能的な」観点からの妥当性)を否定はしない

14 ← だが

問題提起 科学的知識をすべての価値の問題から切り離し得たと考えるのは「本質的」には大きな錯覚ではないか。

う特性を与えて他と区別することのもつある意味での妥当性を、私も否定はしない。その妥当性とは、いわば「機能的な」観点からの、という但し書きの付いた妥当性と考えてよいだろう。

14 だが、そうすることによって、科学的知識を、すべての価値の問題から切り離し得た、と考えるとすれば、それは、話を「機能的な」議論に限定している場合はともかく、「本質的」には大きな錯覚ではなかったであろうか。

15 自然科学が相手にしている「事実」なるものが、ユニークな「現実」からの情報として人間ならだれでもが、正しい見方をすれば得ることのできるものである、という素朴な思い込みについては、すでにその誤りをある程度明らかにすることができた。

16 第一に、歴史的な時間と空間との制限・規定を受けない抽象的、普遍的な「人間一般」という概念は、少なくとも知識の担い手の身分を論ずるに当っては、まったく無意味ではないか、という論点がある。かりに、自然が人間に見せる姿・相貌は、ユニークであるとしても、それを「見る」人間が、歴史的時間と空間とを越えて普遍かつ不変であることは不可能である。

17 プトレマイオスの地球中心説とコペルニクスの太陽中心説を構築するための「事実」群は、少なくともコペルニクスが自説を展開した段階では、まったく同じであったといってよい。いや、この言い方はやはり正確ではない。明らかにまったく同じ「事実」群から、まったく異なった理論体系が生まれるはずがない。ただ、ここで両者の出発点となる「事実」群が同じだ、というのは、「事実」が中立的で、客観的なものだ、という前提を逆手にとったうえでの表現であることに気を付けて欲しい。つまり、(7)客観的に「事実」は一つである、という解釈に立てば、プトレマイオスの地球中心説も、コペルニクスの太陽中心説も、ともに、まったく同じ「事実」群から出発している、と言うことができるのだ。

18 コペルニクスは、プトレマイオスの手にしていた「事実」群以上に、太陽中心説を決定的に有利に導くことができるような、新しい「事実」を利用して、太陽中心説を提案したわけではなかった。言い方を換えてみれば、(7)コペルニ

---

15 素朴な思い込み(＝「事実」はユニークな「現実」からだれでもが、正しい見方をすれば得られる)←誤り

16 抽象的、普遍的な「人間一般」という概念は無意味という論点
自然がユニークだとしても、それを「見る」人間が普遍かつ不変ではいられない

具体例 プトレマイオスの地球中心説とコペルニクスの太陽中心説

17 両者の出発点となる「事実」群は同じ
→「事実」が中立的で客観的なものだという前提を逆手にとった表現
←つまり
客観的に「事実」は一つ、という解釈からは、両者の主張は(正反対であるにもかかわらず)まったく同じ「事実」群から出発していると言える

18 コペルニクスは太陽中心説を決定的に有利に導くような新しい「事実」を利用したわけではない
コペルニクスの時代に知られていた「事実」群
…プトレマイオスの地球中心説と
コペルニクスの太陽中心説の
どちらからも同程度に説明することができた

19 恒星の年周視差の発見
…地動説という前提(＝主観による仮定)が先にあって、視差が見つかるはずだという確信に導かれた

クス当時知られていた天文学上の「事実」群は、プトレマイオス説によっても、コペルニクス説によっても、まったく同じ程度に十全に、説明することができたのである。

19 〈中略〉恒星の年周視差が、望遠鏡の助けを借りて発見できたのは、明らかに、(7)地動説という前提が先にあって、そこからの演えきによって、視差が見つかるはずである、という確信に導かれたからであって、当然のことながら、年周視差が発見されたために、地動説(太陽中心説)が生れたのではない。先にふれた数値から判断すれば、恒星の年周視差は、観測された事実とさえ呼べないほど、言ってみれば「無理強い」に観測した事実なのであった。

20 この一事をもってしても、コペルニクス的転換の原動力は、データそのものにはなかったことが明らかである。要するに(8)ユニークであるはずの自然(「現実」)から人間が読み取った情報が、実はプトレマイオスとコペルニクスとで異なっていた、というところに問題の核心があるのであり、情報は、歴史的な時間と空間とに制約された人間存在に依拠して変化する、と解釈してはじめて、こうした現象は説明できるであろう。その意味で、地球中心説を構築していた「事実」群と、太陽中心説を造り上げていた「事実」群とは、客観説に従えば同じであったにもかかわらず、やはり、はっきりと違っていたと言わざるを得ない。簡潔に言えば、すべての「事実」は、人間によって帰納力と演えき力との双方を備えたものとして把握されたときに、「事実」としての機能をもつことになるのであって、その帰納力と演えき力による双方向への「伸び」は、歴史的な時間と空間との関数関係によって流動するものと考えられる。

21 それは、人間一般と自然一般などというものの間に、客観的にユニークな情報のやりとりなどあり得ないということの、一つのたとえにほかならない。しかし、それを言い立てたところで、まだ価値の問題に直接つながるわけではない。自然科学の扱う「事実」なるものについての常識的な基盤に一太刀浴せることができたからと言って、はたして自然科学の没価値性という神話も、一蓮托生に破綻するかどうかは自明ではないからである。

---

20 ユニークであるはずの自然(「現実」)

← 異なる情報を人間が読み取った

…情報(＝自然から読み取るもの)は、歴史的な時間と空間とに制約された人間存在に依拠して変化する

← 簡潔に言えば

すべての「事実」は、人間によって帰納力と演えき力を備えたものとして把握されたときに「事実」としての機能をもつ(＝人間が主観によって立てた仮説の視点から理解されたときに意味をもつ)

← 歴史的な時間と空間との関数関係によって流動する

21 主張

人間一般(主観)と自然一般(事実・データ)の間に、客観的にユニークな情報のやりとりなどあり得ない(＝仮説という主観が介在する)

全体の段落構成

1~7 前提：自然科学の「没価値性」という議論

↓

8~14 本論1：近代における主観と客観の弁別

↓

15~19 本論2：自然科学における「事実」についての思い込み

↓

20~21 結論：「人間一般」と「自然一般」の間に客観的なやりとりはあり得ない

解答

(1) （例）人間の主観による価値判断をせず、事実を客観的に扱うという特性。（31字）

(2) **エ**

(3) （例）自然科学は客観的、哲学は主観的というように守備範囲が区別されたとき、哲学は自然科学の扱う範囲を主観的に深めたものとなるから。（62字）

(4) （例）科学、哲学、神学が、それぞれ自律性をもった知識として区別されていない状況。（37字）

(5) A**エ**　B**ア**　C**オ**

(6) ⓐ**イ**　ⓑ**オ**　ⓒ**ア**　ⓓ**エ**

(7) **オ**

(8) **イ**

解説

(1) 傍線部①の直前に「このような」とあるので、前の部分を確認すると、具体例「自然科学は、……人間の価値判断から解放されている」「事実の認識や選択に、人間の主観の操作が入り込む余地はない」とある。これらの内容を、指定語を用いてまとめればよい。

(2) 選択肢はいずれも「この確信、信念」という言葉で始まっているので、まずはこれが何を指しているのかを確認すると、［X］の直前に具体例コーニック枢機卿の考えについて述べた「『現実』はユニークであり、それを『無私の心』つまり……『現実』の姿が、だれの眼にも一様に映じ、誰にもそれを『素直に』理解することができるはずである、とする強い確信」という内容が見つかる。次に、［X］の内容を受けてあとでどのような論が展開されているか確認すると、9～11段落に、「近代は、神学から哲学が分離し、哲学から自然科学が分離したうえで、それぞれが、お互いの守備範囲を確認し、相手の守備範囲を侵害しないという不可侵条約を締結した時代」「客観的世界と主観的世界とを、近代がこのように弁別した」とあるのが見つかる。これらから、コーニック枢機卿のもっていたような考え方・確信は、近代に特有のものなのだとわかる。よって正解は**エ**。

(3) 傍線部②「知識のヒエラルキー」は、近代において神学、哲学、自然科学が分離し、守備範囲が区別されたときに、哲学が自然科学の上に位置するということをいっている。傍線部②の直前にあるように、「客観的」な事実のみ扱う自然科学に対し、哲学はそれを「主観的」に深めていく作業から成るため、このように表現されるのである。これらの内容をまとめればよい。

(4) 傍線部③を含む一文を確認すると、「科学、哲学、神学は、中世における三者の一体的状況を脱却して、それぞれが、専門化、独立化の途をたどることになった」とある。つまり、「三者の一体的状況」とは、科学、哲学、神学が専門化、独立化する前の状況だということができる。さらに、この三つの知識を専門化、独立化させることについては、「神学から哲学が分離し、哲学から自然科学が分離したうえで、それぞれが、お互いの守備範囲を確認し、相手の守備範囲を侵害しない」（9段落）、「三種の知識を区別して、それぞれの範囲のなかで、閉鎖的な自律性を保たせ」る（13段落）とも述べられている。これらの内容をまとめればよい。

(5) ［A］の前に「すべての偏見や先入観や価値観から」とあるので、これに対して「自然科学の扱う世界」がどうであるのかを表す言葉が入る。あとで、「無色透明」「中立」と並列され、「『没価値』的」と言い換えられていることから、**エ**「自由な」が適切。［B］の前後の文脈を確認すると、「自然科学が相手にしている『事実』なるものが、［B］『現実』からの情報として人間ならだれでもが、正しい見方をすれば得ることができるものである、という素朴な思い込み」とある。この「素朴な思い込み」は4段落から述べられているコーニック枢機卿の談話の内容を受けたものであり、7段落で「そうした考え方のなかには、『現実』はユニーク」だという確信があると述べられている。よって、ア「ユニークな」が適切。Cの前後の文脈を確認すると、「『事実』がCで、客観的なものだ、という前提を逆手にとったうえでの表現……つまり、客観的に『事実』は一つである、という解釈に立てば」とある。「客観」と並列されていることから、オ「中立」が適切。

(6)
ⓐの前で「三種の知識を区別」することについて述べ、あとではその中でも「科学的知識」に絞り込んでいることから、〝特に、とりわけ〟という意味のイ「なかんずく」が適切。ⓑの前の13段落の冒頭で「たしかに」と譲歩しながら〝科学的知識に「客観性」という特性を付与するある意味での妥当性〟を認めたうえで、14段落では問題提起「そうすること(＝「客観性」を付与すること)によって、科学的知識を、すべての価値の問題から切り離し得た、と考えるとすれば、……『本質的』には大きな錯覚ではな」いかと13段落の内容を否定する論展開である。よって、オ「だが」が適切。ⓒの前後で「事実」についての正反対の主張がされているが、逆接の意はⓒの直前の「にもかかわらず」がすでに表している。よって、強意を表すア「やはり」が適切。ⓓのあとに「かどうか」という疑問の表現があることから、その意を強められるエ「はたして」が適切。

(7)
17～19段落で述べられている具体例「プトレマイオスの地球中心説とコペルニクスの太陽中心説」についての内容を整理する。両者は「まったく異なった理論体系」であるのだが、「客観的に『事実』は一つである、という解釈に立」つと、「まったく同じ『事実』群から出発している」と言うことができてしまう(17段落)。コペルニクスの時代に知られていた『事実』群」は、どちらの説によっても説明できた(18段落)。なぜコペルニクスは太陽中心説を「裏書き」(＝正しいと保証)するような「事実」を見つけられたのかといえば、「地動説という前提が先にあって、そこからの演えきによって、視差が見つかるはずである、という確信に導かれたから」なのである(19段落)。この内容に合うオが適切。

(8)
アは、「神学が自然科学の守備範囲を侵害してきた不幸な歴史」は9段落などの内容と合致するように思えるが、筆者はそれを「徹底的に解明しなければならない」とは述べていないので、不適。イは、筆者は具体例コーニック枢機卿の談話や具体例プトレマイオスの地球中心説とコペルニクスの太陽中心説を挙げて論を展開し、20段落で「情報は、歴史的な時間と空間とに制約された人間存在に依拠して変化する」と述べている。この内容に合致する。ウは、全体が本文中で述べられていない内容のため、不適。エは、筆者が〝自然科学の理論は没価値的でない〟と主張しているのは、人間が仮説に基づいてデータから事実(＝情報)を読み取る際に主観が介在するからなので、不適。オは、全体が本文中で述べられていない内容のため、不適。よって、正解はイ。

13 はじめての構造主義

橋爪 大三郎

本文⊕49～51ページ

本文図解

※問題を解く上で関連する箇所に小問の番号を付しています。

1 遠近法とは、なんだろう?

2 遠くにあるものを小さく、近くにあるものは大きく描く。そんないみでの遠近法なら、ほとんどの絵が、使っているだろう。それが、眼の自然にかなっている。

3 こういうのを、「素朴遠近法」という。素朴遠近法は、絵が絵であるために不可欠の、最低限の条件みたいなものだ。もっとちゃんとした、本格的な遠近法(厳密遠近法)と混同してはいけない。

4 でもまあ、素朴なかたちであろうと、なぜなんらかの遠近法が絵に欠かせないのか。それは、絵画というものの本質に関わっている。

5 われわれの住む世界は三次元である。幅と高さと、奥行きがある。それに対して、(1)絵画は、二次元の平面である。この上に、三次元の空間をうつしとらなければならない。こんなことはもともと、無理な注文なのだ。

6 そこで当然、(1)絵にはウソが含まれることになる。最大のウソは、絵に描いてあるものが「何かにみえる」ということだ。絵の材料は、絵の具にしろインクや鉛筆にしろ、絵に描かれる実物と似ていない。しかしそれが、いったん画面のなかにうまく並ぶと、もう絵の具やインクの線にはみえなくて、それではないもの(たとえば、ヒマワリや糸杉や)にみえる。幅も高さも奥行きもある、あの実物(を描いたもの)のようにみえてしまうのだ。

---

1 問題提起 遠近法とは、なんだろう?

2・3 素朴遠近法
- 遠くにあるものを小さく、近くにあるものは大きく描く
- 眼の自然にかなっている
- 絵が絵であるために不可欠の、最低限の条件

4・5 絵画というものの本質
…二次元の平面に三次元の空間をうつしとらなければならない
＝「無理な注文」

↓

6 絵にはウソが含まれる
具体例 絵が「何かにみえる」というウソ

7 ⇢絵のなかの像(二次元)を実物(三次元)のことだなと思って(対応をつけて)いる

【中略】（7 絵のなかの像と実物との折り合い）

8 素朴遠近法は、だいたい視覚をなぞるのだが、網膜の像を忠実に再現するわけではない。大事なものは大きく、そうでないものは小さく描くという、別の論理もはたらくからである。

9 小さな子の描いた人物画を見ると、顔がとても大きくて、手もあって、胴体などは省略されてしまっているのが多い。子供がどこに注目し、関心をもっているかがわかる。同じようなことは、おとなの描く絵にもある。そのせいで、伝統的な絵画ではたいてい（厳密な）遠近法が乱されている。

【中略】（10 中国やインドで遠近法が発達しなかった理由）

11 ものの見方として、遠近法がどういういみをもつか、まず考えてみよう。

12 いろいろな物体がならんでいる空間を、世界ということにする。世界がどんなふうにみえるか（色や形）は、いつ（時間）どこ（場所）からそれを視るか、に左右される。だから、(2)世界をみえる通りに描こうとすると、どうしても、描く自分の置かれている時間と場所を、はっきり意識しないわけにはいかない。〈中略〉

【中略】（13・14 遠近法を用いた描き方）

15 このようにすると、この世界の物体なら何でも、「見える通りに」描くことができる。（ただし物体が、あまり速く動いていなければ。）また、反対に、それがいつ、どこから視た像なのか、ということもわかる。視点は画面に描きこまれていないとしても、画面の構図そのものが視点の存在を指し示している。世界をそんなふうに視ることのできる視点は、この世界にたったひとつしかないからだ。

16 視点とは、この世界を視ることを自覚した、人間の視点だ。「視る主体」の誕生、と言ってもいい。世界は、物体《オブジェクト》（＝客体＝客観）の集まりである。それ以外のもの（神や霊魂）は、どこにも見つからない（のではないか）。そして、世界を視るのは、私だ。私は、視る主体《サブジェクト》（＝主観）である。いちおうこの世界の物体ではあるが、特権的な物体、つまり、他の物体を視ることのできる物体である。私の描く画面。それは、私から見て世界がこのようだ、という証言になる。視

---

8 **素朴遠近法**…網膜の像を忠実に再現するわけではない

↓ 大事なものは大きく、そうでないものは小さく描くという、別の論理もはたらく

9 ↓ 伝統的な絵画ではたいてい（厳密な）遠近法が乱されている

10 中国やインドで遠近法が発達しなかった理由
- 幾何学的な準備がいるし、そのための道具も必要
- 遠近法にこだわる動機がなかった

11 問題提起 ものの見方として、遠近法がどういういみをもつか。

12 世界がどんなふうにみえるか（色や形）は、いつ（時間）どこ（場所）からそれを視るか、に左右される

↓ だから

世界をみえる通りに描こうとすると、描く自分の置かれている時間と場所を、意識しないわけにはいかない＝視点の固定

↓（13〜15 遠近法を用いた「見える通りに」描く方法）

16 「視る主体」の誕生
- 物体（＝客体＝客観）の集まりとしての世界

⇔

- 世界を視る主体（＝主観）としての私

17 主体（subject）の意味の変化

る主体は、世界のなかのものを何でも視て歩くことができる。〈中略〉

【中略】（**17** 主体（subject）の語源）

18 遠近法はじつに合理的な絵の描き方だ。自信にあふれた市民階級の、ものの見方を、反映している。それは、一般的である。これを使えば、誰だろうと、世界の正確で(3)客観的な像を手に入れることができる。しかも、個別的である。二度と(3)同じ絵が描かれる心配はない。描いた人間が違えば、視点（時間と場所）が違っているはずだし、描く対象も、構図も、違っているはずだ。

19 〈中略〉遠近法どおりに描けるところを、ちょっと大きめに描くと、特にその部分に関心を集めることができる。遠近法からの逸脱をとおして、個性や主観性をはかることもできる。

20 遠近法を貫く合理的態度は、（特に改革派の）宗教的な動機とも一脈通じるところがある。

21 中世の魔物や悪霊たちが退いていったあと、(4)世界は物体の集まり以上のものでなくなった。デカルトが物体を「延長」としてとらえたように、そこに霊魂の宿る余地はない。創造をすませた神は、この世界の外に引きあげてしまった。残された人間は、神の創造の秘密を探るため、解剖によって人体の内部に、顕微鏡によって微小な生命のなかに、望遠鏡によって天空のかなたにと、さまざまな視線を向ける。世界から神が立ち去ってしまったあと、(4)人間は積極的に活動する義務がある。視る主体として、自分をこの世に存在させた、隠された神の計画をしるために。

22 遠近法によれば、ひとりひとりが別々の視点をもつ。そうである以上、めいめいが、世界のなかで、このように活動しなければうそだ。それは、世界を、主体／客体の関係によってつかむことである。そして、つかんだ内容を、主語《サブジェクト》／目的語《オブジェクト》の関係によって整理することでもある。人びとがすっかり、こうした主／客図式に従うようになるのが、近代という時代。だとすると、(5)遠近法の登場は、人びとのものの見方が、近代に向かって一歩大きく踏み出したことの現れだ、と言っていいだろう。

18
遠近法＝合理的な絵の描き方
・一般的…誰だろうと、世界の正確で客観的な像を手に入れることができる
・個別的…描いた人間が違えば、視点（時間と場所）、描く対象、構図が違っているはずだから、二度と同じ絵は描かれない

19
・遠近法からの逸脱をとおして、個性や主観性をはかることもできる

20
遠近法を貫く合理的態度…宗教的な動機との一致

21
・中世ののち、世界は物体の集まりと見なされるようになる
・神の創造の秘密を探るため、人間には、視る主体として積極的に活動する義務がある

22 結論
「視る主体として積極的に活動する」
＝・世界を、主体／客体の関係によってつかむこと
・内容を、主語《サブジェクト》／目的語《オブジェクト》の関係によって整理すること
→ 遠近法による世界のとらえ方によって、人びとは主体／客体という近代的なものの見方を得た。

全体の段落構成
1～10 前提：素朴遠近法について
↓
11～17 本論1：「視る主体」の誕生
↓
18～21 本論2：遠近法の合理性
↓
22 結論：近代の萌芽としての遠近法

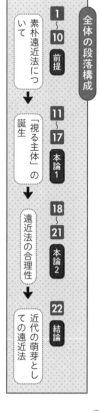

解答

(1) (例)三次元の空間を二次元の平面にうつしとる絵には、ウソが含まれることになること。(38字)

(2) 描く自分の〜はいかない

(3) **A ウ**　**B オ**

(4) (例)世界が単なる物体の集まりと解釈されるようになったため、人間が積極的に世界に働きかけなければならなくなったということ。(58字)

(5) **ア**

解説

(1) 傍線部①の前の文に「なぜなんらかの遠近法が絵に欠かせないのか」とあり、その手がかりとして「絵画というものの本質」という言葉が出てくる。**5**段落に「絵画は、二次元の平面である。この上に、三次元の空間をうつしとらなければならない。こんなことはもともと、無理な注文なのだ」、**6**段落に「そこで当然、絵にはウソが含まれることになる」とある。つまり、空間を平面にうつしとるというそもそも無理なことをするためにウソが必要になるという絵の本質があり、そのウソの手段として遠近法が必要になるということである。以上の内容をまとめる。

(2) 傍線部②の「『視る主体』の誕生」に至るまでの文脈を**12**〜**15**段落で確認する。世界の見え方は、時間や場所に左右されるため、世界を見える通りに描くには、時間と場所を意識しなければならない。だから、視点を固定して描くことになる。そのようにして描かれた絵は「画面の構図そのものが視点の存在を指し示して」いて、それが、「視る主体」の存在を示すことになるのである。よって、「視る主体」の誕生には、描く自分の置かれている時間と場所に対する意識が関係していることがわかる。よって、**12**段落「描く自分の置かれている時間と場所を、はっきり意識しないわけにはいかない」から、初めと終わりの五字を抜き出す。

(3) Aは、あとに「誰だろうと」「客観的」とあるので、**ウ**「一般的」が入る。Bは、あとに「二度と同じ絵が描かれる心配はない」とあるので、**オ**「個別的」が入る。

(4) 傍線部③を含む段落に「中世の魔物や悪霊たちが退いていったあと、世界は物体の集まり以上のものでなくなった。……霊魂の宿る余地はない」とあることから、傍線部③は、中世が終わり、迷信が意味をなさなくなった時代のことを指すことがわかる。また、「世界から神が立ち去ってしまったあと、人間は積極的に活動する義務がある。視る主体として、自分をこの世に存在させた、隠された神の計画をしるために」とあることから、迷信が意味をもたなくなったために、世界を解明するためには、人間が視る主体として積極的に活動しなければならなくなったということがわかる。以上のことをまとめる。

(5) **ア**は、**22**段落の内容に合致する。遠近法は世界を主体と客体に分けて捉える見方を提供し、そのことが**結論**「近代に向かって一歩大きく踏み出したことの現れ」と述べられている。**イ**は「ヨーロッパの絵画においては浸透しなかった」が不適。**2**段落に、素朴遠近法は「ほとんどの絵が、使っているだろう」とある。**ウ**は「人々が絵を見ているということを忘れるから」が不適。**7**段落に「絵のなかの像(二次元)を実物(三次元)のことだなと思って(対応をつけて)いる」とある。**エ**は「客観的であるがために没個性的にならざるを得ない」が不適。**19**段落に「遠近法からの逸脱をとおして、個性や主観性をはかることもできる」とある。よって、**ア**が正解。

14 無意識の構造

河合 隼雄

本文⬇52〜54ページ

※問題を解く上で関連する箇所に小問の番号を付しています。

本文図解

「私」とは何か

1 「私」というものは不思議なものである。誰もがまるで自明のこととして「私」という言葉を用いているが、われわれはどれほど「私」を知っているだろうか。

【中略】（2インドの説話の紹介）

3 この話は「私」ということの不可解さをうまく言いあらわしている。このように考えだすとまったく解《わか》らなくなる。ここでは体のことになっているが、たとえば、われわれは職業を代えても、私は私と思うだろう。住居を代えても、私には変わりはない。しかし、そのようにして、(1)自分にそなわっているすべてを次々と棄ててしまって、そこに「私」というものが残るのだろうか。それは、らっきょうのように皮をはいでゆくと、ついに実が残らないものではなかろうか。

4 われわれが精神病の人たちの話をきくと、ときに、彼らは自分と同じ人間がこの世にもう一人存在していると主張したり、自分は××の生まれ代《かわ》りであると確言したりする。これをわれわれは異常なことと感じる。自分というものはこの世に唯一無二の存在であり、過去にも未来にも同じものは存在しないと確信しているのである。ここに「確信」という言葉を用いたが、実際これは積極的に「確証」することがむずかしいことである。われわれは確証なしに、これ

「私」とは何か

1 【問題提起】われわれはどれほど「私」を知っているだろうか。

2 【具体例】インドの説話
鬼によって、旅人の体が死骸の体と入れ代わる話

3 この話 → 「私」ということの不可解さ
【具体例】…「職業」、「住居」を代えても「私」には変わりない
← 【問題提起】自分にそなわっているすべてを次々と棄ててしまって、そこに「私」というものが残るのだろうか。

4 精神病の人たち…「自分と同じ人間がこの世にもう一人存在している」「自分は××の生まれ代《かわ》りである」
「われわれ」…異常なことと感じる。
自分はこの世に唯一無二だと確信している
→ 確証できないこと。自明のこととして受け入れている。

らのことをむしろ自明のこととして受け入れている。

5 ここに「われわれ」という主語を漠然とした形で用いたが、実のところ、この「われわれ」には相当限定を加えなければならない。というのは、(2)現在においても、輪廻《りんね》転生を信ずる民族や集団も相当存在するからである。われわれ日本人にしても、相当の長期にわたって輪廻の思想を受け入れてきたのである。

6 (3)近代人は合理的科学的な思考に基礎をおき、輪廻の考えを拒否している。それに基づく数々の迷信を笑いものにすることもできる。しかし、近代人にとって、「私」はどこから来てどこへ行くのか、というのは厄介な問題である。近代の先端をゆくアメリカにおいて、「私」の根(ルーツ)を探し求めることに異常な関心がむけられているのも、まことに興味深い。「ルーツ」はあくまで外的な根を探すことに焦点づけられているが、そこに、(3)「私」という存在の基礎を知ろうとする内面的な問いかけが象徴的にはたらいていると考えられる。

7 「私」について考えはじめると、常にこのような深刻な疑問が生じてくるが、ここではしばらくこのような問題を括弧にいれて、もっと常識的なところから出発してみよう。もっとも、いつかはこのような問題に立ち帰って考えねばならないと思われるが。

自我

8 「私」ということについて、常識的な観点から考えるならば、「私」の知っているかぎりにおける「私」ということから出発することになるだろう。

9 われわれは自分のした行為や、考えたこと、感じたことなどについて、「私がしたこと」とか「私の考え」とかなどと表現する。この「私の」、「私が」という主体、つまり、人間の行為や意識の主体として「自我」ということを考えることにしよう。

10 このように考えられる自我はいろいろなはたらきをしている。まず、外界の知覚ということがあげられる。自我は視覚、聴覚などの感覚をつうじて外界を認知する。次に、内界の認知ということもある。自分の内的な欲望や感情を認知する。そして、これらの経験は、記憶として体系化し保存しておかねばなら

---

5 「われわれ」という主語を限定する必要がある

根拠(理由) 現在でも輪廻転生を信ずる民族や集団も相当存在するから。

…輪廻転生を信じる人にとって、「生まれ代り」などの主張は異常に感じられない。

6 近代人…合理的科学的な思考に基礎をおき、輪廻の考えを拒否

しかし

「私」はどこから来てどこへ行くのか、という厄介な問題

具体例 アメリカで「私」の根(ルーツ)を探し求めることに異常な関心がむけられている＝「私」という存在の基礎を知ろうとする内面的な問いかけ

→輪廻の考えを拒否した近代人は、「私」という存在の基礎がわからなくなった

7 常識的なところから「私」について考える。

自我

8・9 人間の行為や意識の主体として「自我」を考える

10 自我のはたらき①…外界の知覚
自我のはたらき②…内界の認知
→記憶として体系化・保存

＝複雑な過程…
記憶に基づいて知覚に判断を下す
↕
知覚に基づいて記憶を改変する

ない。しかし、これらのことは複雑にからみあった過程である。つまり、記憶体系に基づいて知覚したものに判断を下している反面、新しい知覚に基づいて、記憶体系が改変されることもあるからである。

11 主体としての自我は以上のような機能を果たしつつ、自ら意志決定をなすことができる。そして、自我は運動機能とも結びついており、自らの意志決定に基づいて、自らの体を動かすこともできるのである。(4)外的な現実と内的な欲望、感情などを認知した上で、両者のあいだに大きい摩擦を生じないように適切な行為を選択し、遂行していかねばならない。われわれが短時間のうちになにげなく行っている行為にしても、自我の機能として分解して考えてみると、予想外の複雑な過程であることが解るであろう。

12 自我はまた、ある程度の統合性を有することが必要である。つまり、ひとつのまとまった人格として存在するためには、その中に大きい矛盾をもつことが許されない。自我はそこで自分の統合性を保持するために自分自身を防衛する機能ももたねばならない。

13 たとえば、父親を絶対的な存在として尊敬し、それを心の支柱として大きくなってきた人があるとしよう。その人がなにかの機会に父親の弱点を知ったとき、その人の自我は大きい危険にさらされている。つまり、その事実は彼の自我の統合性をおびやかすからである。このとき、(5)一番簡単な防衛の方法は、その事実を何かの誤りだと否定したり、あるいは忘れてしまうことである。

14 自我は、そこで、父親の弱点の存在を無視しないとすると、大きい努力を払いながら、自分の体系の組み変えを試みなくてはならない。事実、そのようにして自我は危険と対抗しつつ自ら発展してゆくのである。

15 自我はこのように考えると、その存在をそのまま続行するために、新しい経験を取り入れるのを排除しようとする傾向をもつが、人間の心全体としては、何か新しいことを取り入れて自らを変革しようとする傾向をもつものであり、このような相反する傾向を有しているところが、人間の心の特徴であるとも考えられる。

---

11 自我のはたらき③…意志決定

外的な現実と内的な欲望、感情などを認知した上で、両者のあいだに大きい摩擦を生じないように適切な行為を選択し、遂行していかねばならない。

12～**14** 自我のはたらき④…統合性の保持

自分の統合性を保持するための自分自身を防衛する機能

→
- 自分の自我の統合性をおびやかす事実を何かの誤りだと否定したり、忘れてしまうこと
- 大きい努力を払いながら、自分の体系の組み変えを試みること
  ⇢自我は危険と対抗しつつ自ら発展してゆく

15 結論

「自我」とは
- 存在をそのまま続行するために、新しい経験を取り入れるのを排除しようとする傾向をもつ
- 人間の心全体としては、何か新しいことを取り入れて自らを変革しようとする傾向をもつ

→ 相反する傾向を有しているところが、人間の心の特徴である

全体の段落構成

- **1**～**3** 問題提起：「私」とは何か
- ↓
- **4**～**7** 前提：存在の基礎がわからなくなった近代人の「私」
- ↓
- **8**～**14** 本論：自我のはたらき①～④
- ↓
- **15** 結論：排除する「私」と変革する「私」

解答

(1) (例)「私」にそなわっている何をもって「私」と言えるのかは自明ではないということ。(38字)

(2) **ア**

(3) (例)合理的科学的な思考に基礎をおき輪廻転生の考えを否定した近代人は、自身の存在の基礎を明らかにすることができないから。(57字)

(4) **エ**

(5) **ア**

解説

(1) 傍線部①に「この話」とあるので、直前で紹介されているインドの説話の内容を踏まえて、「不可解さ」について読み取る。インドの説話は、鬼によって「旅人と死骸の体とがすっかり入れ代わって」しまうという話である。この話を踏まえて、傍線部①のあとに、「自分にそなわっているすべてを次々と棄ててしまって、そこに『私』というものが残るのだろうか」とある。つまり、インドの説話が表している「『私』ということの不可解さ」とは、自分の何をもって自分と言えるのかは自明のことではないということであることがわかる。

(2) 「この『われわれ』」が何を指すかを押さえたうえで、傍線部②のあとから「限定を加えなければならない」理由を読み取る。「この『われわれ』」とは、**4**段落の「自分と同じ人間がこの世にもう一人存在していると主張したり、自分は××の生まれ代りであると確言したりする」人を「われわれは異常なことと感じる」の「われわれ」を指す。この「われわれ」という言葉に限定を加える理由は、傍線部②のあとに 根拠(理由)「現在においても、輪廻転生を信ずる民族や集団も相当存在するから」と述べられている。つまり、自分と同じ人間の存在や「生まれ代り」を主張する人を異常と感じる「われわれ」は、輪廻転生を信じない人に限定され、すべての人が異常と感じるわけではない、ということである。よって、**ア**が正解。

(3) 「存在の基礎」「輪廻転生」という指定語句を参考に、傍線部③の前後から、「『私』はどこから来てどこへ行くのか」という問題が厄介である理由を読み取る。傍線部③のあとに 具体例「アメリカにおいて」、「『私』の根(ルーツ)を探し求める」ことが注目されていて、そこに「『私』という存在の基礎を知ろうとする内面的な問いかけ」があると述べられている。つまり、近代人は「『私』はどこから来てどこへ行くのか」という「存在の基礎」がわからない状況にあるのである。その理由として、傍線部③の前に注目すると、「近代人は合理的科学的な思考に基礎をおき、輪廻の考えを拒否している」と述べられている。「輪廻転生」の思想の中では、「私」は誰かの「生まれ代り」であり、「私」もいずれ誰かに生まれ変わることになる。それは「『私』という存在の基礎」になり得るものであるが、「輪廻転生」を拒否した近代人は「存在の基礎」について答えを出せない「厄介」な事態になったのである。

(4) 傍線部④の前後から読み取る。「以上のような機能」とは、傍線部④の前に書かれていた「外界の知覚」と「内界の認知」という機能のこと。「自ら意志決定をなすことができる」ということについて、傍線部④のあとで「外的な現実と内的な欲望、感情などを認知した上で、両者のあいだに大きい摩擦を生じないように適切な行為を選択し、遂行していかねばならない」とある。よって、**エ**が正解。

(5) 傍線部⑤のあとに、「自我の統合性をおびやかす」ような「危険」にさらされたとき、「一番簡単な防衛の方法は、その事実を何かの誤りだと否定したり、あるいは忘れてしまうこと」とある。よって、**ア**が正解。

15 わかりやすいはわかりにくい？ ―臨床哲学講座

鷲田清一

本文⇒55～59ページ

本文図解

※問題を解く上で関連する箇所に番号と傍線を付しています。

1 だれかのことを思うときに、そのひとの顔を思い浮かべることなしにそのひとを思うことはできない。〈中略〉

2 わたしたちはいつもだれかのことを思っている。が、そのひとは人格という何か抽象的な存在ではない。具体的な顔をもったひとである。あるいはむしろ、具体的な顔としてあるひとである、と言ったほうがいいかもしれない。ひとは顔としてある、と。けれども、顔とは人体の上部に位置するあの顔面のことだろうか。その具体的な造作のことだろうか。

3 顔は「だれか」の具体的に見える存在だとだれもが考える。だれかに見つめられるというのは、だれかの眼がこちらを見つめているということである。〈中略〉けれどもそのことをわたしたちはそのひとの眼を見ることで、あるいはそのひとの顔面に浮かぶ表情の変化によって、それとして知るのだろうか。そう考えるには、顔はあまりにも異様な現われ方をする……。

4 顔は見える、顔はだれかに見られると、あたりまえのようにひとは言う。けれども、だれかの顔を見るという経験を思い起こせばすぐわかるように、だれかの顔を見つめるということ、まじまじと見るということは、じっさいにだれかの顔を前にしたときにはほぼ不可能である。相手が自分を見つめているとき、相手を見つめ返すのはむずかしいことだ。たがいにその存在を渇望しあう瞬間か、相手を怨んで睨みつけるときには、相手の顔をしばし凝視することがたし

1・2 問題提起

顔とは人体の上部に位置するあの顔面のことだろうか。その具体的な造作のことだろうか。

3 わたしたちは、相手の「眼」や「表情の変化」を見ることで、相手の感情を知るのだろうか

←

そう考えるには、顔はあまりにも異様な現われ方をする

4 だれかの顔を見つめるということ、まじまじと見るということは、じっさいにだれかの顔を前にしたときにはほぼ不可能

→苦痛で、いずれ眼を逸らしてしまう

5 顔を見つめあうとき

←

・まなざしはすぐに金縛りにあったように、凍りつき、凝固してしまう
・まなざしがたがいに密着してしまう

かにある。けれども、(2)相手の顔を見つめつづけることはやはり苦痛である。いずれ眼を逸らしてしまうものである。

5 (2)顔を見つめあうとき、まなざしはすぐに金縛りにあったように、凍りつき、凝固してしまう。眼がかち合うと、まなざしはたがいに密着してしまい、相手のまなざしを見るということ、つまり距離を置いて対象として見ることは不可能になる。見ることそのことが膠着するか、そのような膠着のなかで視線を無理やり引き剝がすか……。いずれにしても平静に相手の眼を見つづけることはできない。これを裏返して言えば、他人の顔というものは盗み見しかできないということである。だれかの顔は、相手がこちらを見ていないとき、別のものに視線をやっているときに、いわば盗み見するというかたちでしか、じっと見つめることができない。とどのつまり、だれかの顔は、それを見るわたしを見返されないかぎりにおいてしか見ることができない。にもかかわらずそれは、だれかの顔として、ときにそれをまなざす視線をうろたえさせるほどたしかな強度をもって切迫してくる存在である。

6 そのようにしか現われえないはずの顔が、街には溢れている。ポスターの顔、雑誌の表紙を飾る顔、テレビのなかから語りかけるキャスターの顔……。〈中略〉わたしは見るひと、相手は見られるひと、そういう二つの顔が向きあってはいても、そこにはおよそ関係というものが発生しない。〈中略〉このように、関係が起こらないところでのみひとは顔を見ることができる。逆に、(4)顔の接触がなんらかの関係をかならずや引き起こさざるをえないところでひとは顔を見ることができない。前者において「見る」とは観察することである。後者において「見る」とはふれることである。見るために必要な距離がそこでは開かれないからである。

7 にもかかわらず、他者の顔はわたしに切迫してくる。貼りつくように、おもねるように、懇願するように、迫ってくるのに、それを注視しようとするとすぐに消え入ってしまう顔。ときとして、頑として退く気配のない塊としてぬっと現われてきて、それを追い払おうとして見返すと、視線が接触した瞬間、わ

・距離を置いて対象として見ることは不可能になる
↑
・他人の顔というものは盗み見しかできない

↑ にもかかわらず

・顔は、まなざす視線をうろたえさせるほどたしかな強度をもって切迫してくる

6 画像としての顔

→ 具体例 …ポスターの顔、雑誌の表紙を飾る顔、テレビのなかから語りかけるキャスターの顔

向きあっても、関係が発生しない

→「顔を見ているのではない」「顔面を見つめているだけ」

↑

・関係が起こらないところでのみひとは顔を見ることができる

→「見る」＝観察する

・顔の接触がなんらかの関係を引き起こすところでひとは顔を見ることができない

→「見る」＝ふれる…見るために必要な距離が開かれない

7 切迫してくる他者の顔

＝貼りつくように、おもねるように、懇願するように、迫ってくる

こちらに眼を向けようと、わたしの顔を召喚しにくる

眼を伏せても執拗に追いかけてくる

たしのまなざしを有無を言わせず弾きかえす顔。他者の顔はこのように、(3)こちらに眼を向けよと、わたしのまなざしを、いや、わたしの顔を召喚しにくる。眼を伏せても執拗に追いかけてくる。顔と顔のあいだは、言ってみれば、こうした粘着と引き剝がしという相反する力が交差する場、いわば磁場のようなものなのである〈中略〉。

【中略】

8 顔の「撤退」、顔の「羞じらい」

9 だが、こうした薄弱な現象、はすかいの現象に、ひとは抗《あらが》いようもなく引きずり込まれ、釘付けになる。そして、相手の顔をさぐりにゆく。そこに何かを読もうとうかがう。「読む」というのは、顔を何かのしるしとしてとらえるということだ。背後でうごめくものの表徴として、である。〈顔〉はこのように「読む」ことへの欲望を掻《か》きたててやまない。その読まれるべき顔を、ひとは「表情」と呼んでいる。〈中略〉読まれるというかたちで、(9)現われるやすぐに現われとは異なる次元に拉致される。意味の出現する表面として。

10 顔を読むことへの欲望が果てしないのには、わけがある。他人の顔はこれまでずっとわたしの鏡でもあったからだ。乳児を前にした母親の表情を思い出せばよい。母親は、「口を大きく動かし、頭をうなずくように振り、目を見ひらき、おおげさな身振りで赤ちゃんに語りかける（空間的な誇張）」、「ことばやしぐさが、スローモーションをかけたように、ゆっくりになる（時間的な誇張）」、「笑い、驚き、眉をしかめる（情緒的な誇張）」（下條信輔『まなざしの誕生』）。このことで、乳児は母親に乳児の（まだない）「自己」を送り返される。(5)自分がいまどのような状態にいるのか、自分がどのような感情に浸されているのか……。それを、乳児は母親によって示される。乳児の何やらわけのわからぬ情動に最初のかたちがあてがわれるのである。乳児の「人格」は母親の顔という鏡にまずは映し出される。乳児のふるまいにいくつかの軌道が敷かれる。以後、子どもは迷ったときに他者の顔をうかがうようになる。相手を知りたいという

---

8 顔は切迫してくるが、視線を前にしてすぐに身を退ける
＝顔の「撤退」、顔の「羞じらい」（レヴィナス）

「顔」の「異様な現われ方」（3段落）…かぎりなく近くにありながら、まさにそのときにもっとも遠ざかり、もっとも隔てられている

9 ひとは、顔の「切迫」と「撤退」に釘付けになり、顔を何かのしるしとして読もうとする
…読まれるべき顔＝「表情」
↓
現われるやすぐに現われとは異なる、意味の次元に拉致される
…顔は現われそのものではなく、意味が現われるものとして解釈される

10 他人の顔はこれまでずっとわたしの鏡でもあった
具体例…乳児を前にした母親の表情
自分のいまの状態・感情を、ひとは他者の顔によって認識する

11 主張 ひとが顔を読もうとする理由
顔という現われが顔の存在そのものであるから
↓
「作り顔」のあいだから「素顔」がのぞくというふうには解釈しないほうがよい

よりは、自分が生きのびるその軌道を知るために、ひとは赤子の頃より他者の顔を慎重にうかがってきたのである。

11 ひとがそれほどまでにやっきに顔を読もうとするのは、顔がたんなるアピアランス（外見）、つまりは何かの外への現われなのではなく、顔という現われが顔の存在そのものであるからに違いない。そうだとすると、表情としての顔が瞬間ごとにめくれ、ときに別のそれへと反転したりするのも、(7)「作り顔」のあいだから間歇的に「素顔」がのぞくというふうには解釈しないほうがよい。

【中略】（12 ほんとうの顔と偽りの顔という区別）

13 が、顔はほんとうにだれかの「表面」なのだろうか。「表」には「裏」がある。「面」には「奥」がある。〈中略〉が、「表面」ほど顔にそぐわない言葉はないのではないか。顔の背後に何かを想定すれば、顔はなるほど「表面」になる。それが表わしているひとの「こころ」とか、「人格」とか、「内面」とかを想定すれば、顔はそれの表出、つまりは外への現象形態だということになる。「作り顔」というのも、そのような内部が顔の背後に存在すると考えると納得できる。顔はたしかに「作れる」。それでその内なる何かを「繕う」ことができる。

【中略】（14 ひとの存在はどこまでも顔として現われる）

15 〈中略〉顔はむしろ、背後というものを前提しない、背後より先なる、言いかえると何かの現われという記号作用よりもさらに先なる、現われそのものであると言ったほうがよい。〈中略〉

16 とすれば、顔とはつまり、何かとして現前しえないというかたちで現前してくる、あるいは、消え入るというかたちでしか現われない、そういう逆説的な現象であるということになる。そうして「表情」とは、意味に拉致された顔でしかないということになる。

---

12 ほんとうの顔と偽りの顔という区別

13 顔はだれかの「表面」か
→「表面」ほど顔にそぐわない言葉はないのではないか

14 表情から真意を推し量ること
＝もう一つの顔が見えたということ
…ひとの存在はどこまでも顔として現われる

15・16 問題提起に対する結論

顔は、背後というものを前提しない
何かの現われではなく、現われそのものである
＝顔とは、「逆説的な現象」＝
・何かとして現前しえないというかたちで現前してくる
・消え入るというかたちでしか現われない
「表情」…意味に拉致された顔（9段落）

全体の段落構成

1・2 問題提起：「顔」とは何か
↓
3〜8 本論1：「切迫」と「撤退」としての「顔」の現われ方
↓
9〜14 本論2：「顔」は、内面の現われなのか
↓
15・16 結論：現われそのものとしての「顔」

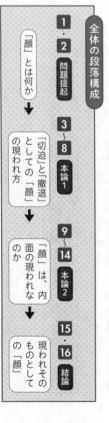

解答

(1) ⓑ
(2) ウ
(3) (例) 他者の顔はこちらが見つめると、まなざしから逃れようとするにもかかわらず、眼を向けることを執拗に求めてくるということ。(58字)
(4) ア
(5) (例) 他人の顔をうかがうことで、自分の状態や感情を認識できるということ。(33字)
(6) イ
(7) ウ
(8) ア
(9) (例) 「表情」とは、顔の背後に内面があるという想定のもと、その意味を読まれることを余儀なくされた顔であるということ。(55字)
(10) ウ

解説

(1) 抜けた文章には、「顔と顔のあいだ」では、「こうした粘着と引き剝がし」があると述べられている。「引き剝がし」については、**5**段落に「視線を無理やり引き剝がす」とある。これは、見つめあうと相手とまなざしが絡み合い、膠着状態に陥ってしまうため、無理やり視線を引き剝がすしかなくなるという文脈である。つまり、「引き剝がし」とは、視線を外すことを指している。そのことを踏まえて、「粘着」の意味を考えると、まなざしが「密着」して絡み合うことであり、**7**段落にあるように、顔が「貼りつくように、……迫ってくる」ことを指すことがわかる。よって、「引き剝がし」や「粘着」のことを述べた直後であるⓑに入れるのが適切。

(2) 「だれかの顔を見つめる」ことは、**4**段落の後半にあるように「苦痛」であり、「いずれ眼を逸らしてしまう」ものである。そのことについて、**5**段落で「顔を見つめあうとき」、まなざしは凝固・密着してしまい、「距離を置いて対象として見ることは不可能になる」とある。つまり、「だれかの顔を前にしたとき(＝見つめあうとき)」、まなざしが密着し絡み合い、相手を対象として捉えられるほどの距離を保てなくなり、その結果として、見つめたまま固まってしまうか、目を逸らすかしかできなくなるのである。よって、**ウ**が正解。**ア**は「渇望や怨みの現われと解釈されかねないはばかるべき行為」が不適。**イ**は「相手に察知されないのは難しい」が不適。**エ**は「まなざしが凝固した相手の顔」を「ほんとうの顔」としていない点が不適。**オ**は「相手の顔における造作は一部分ずつしか凝視できない」が不適。

(3) まず、「にもかかわらず」が受けている内容を捉えるために傍線部②の前を見る。傍線部②の前は、顔を見つめあうと、まなざしが膠着してしまうために、視線を引き剝がすしかなくなるため、他人の顔は盗み見というかたちでしか見ることができない、という内容である。次に、「切迫してくる存在」の意味を捉えるために、同じ「切迫」という言葉が出てくる**7**段落に注目する。「切迫」について、「貼りつくように、おもねるように、懇願するように、迫ってくる」、「こちらに眼を向けると、わたしのまなざしを、いや、わたしの顔を召喚しにくる。眼を伏せても執拗に追いかけてくる」とある。つまり、他者の顔とは、見つめるとその視線を逸らさざるを得なくなるにもかかわらず、見つめることを執拗に要求してくるものだということである。以上のことを指定字数内でまとめる。

(4) **6**段落では、具体例 画像としての顔なら見つめることができることを例に挙げている。「関係が起こらないところでのみひとは顔を見ることができる」とあり、この場合「『見る』とは観察すること」である。また、「顔の接触がなんらかの関係をかならずや引き起こさざるをえないところでひとは顔を見ることができない」とあり、この場合「『見る』とはふれること」である。つまり「関係」とは、「見る」ことが「ふれる」ことを意味するような関係ということである。よって、**ア**が正解。

(5) 傍線部④の直後の乳児の例を参考に読み取る。乳児を前にした母親はさまざまな誇張したしぐさによって、具体例「乳児の(まだない)『自己』」を送り返す。それによって、「自分がいまどのような状態にいるのか、自分がどのような感情に浸されているのか……。それを、乳児は母親によって示される」。つまり、他人の顔は、自分の状態や感情を認識するための「鏡」のような役目を果たすということである。以上のことを指定字数内でまとめる。

(6) 二か所の A の前後は、どちらも他者(母親)の顔によって、自分(乳児)のふるまいや生き方にある程度の方向性が示されるという文脈である。よって、A には「軌道」が入ることがわかる。**イ**が正解。

(7) **11**段落で 主張 「顔という現われが顔の存在そのものである」という筆者の主張が述べられ、そのため、「『作り顔』のあいだから間歇的に『素顔』がのぞくというふうには解釈しないほうがよい」と述べられている。この「作り顔」「素顔」について、**12**段落で「うわべ」「内面」「外面」「表面」などの言葉を用いて説明し、**13**段落では、**11**段落の主張を、再度問いの形で「顔はほんとうにだれかの『表面』なのだろうか」と言い換えている。傍線部⑤はその問いを受けた形で述べられている。つまり、傍線部⑤は、顔は「内面」として想定された「何か」が表出したものであると考えないほうがよいということである。よって、**ウ**が正解。**ア**は「顔に関しては『うわべ』や『仮面』に該当するもの」が不適。筆者が否定している考えである。**イ**は「顔に関しては顔面の具体的な造作を表すものでしかなく、『内面』の存在を示唆することができない」が不適。**9**段落に、顔の表情によって内面が読まれるとある。**エ**は「顔に関しては『奥』にあるものがほんとうの顔に該当する」が不適。筆者が否定している考えである。**オ**は「外から見えるのは『素顔』や『仮面』といった『表面』だけであるため、『裏面』にある背後の何かと区別する表現自体が不要」が不適。このような内容は読み取れない。

(8) B の前には 問題提起に対する結論 「顔とはつまり、何かとして現前しえないというかたちで現前してくる、あるいは、消え入るというかたちでしか現われない」とある。このような、一見矛盾しているようで一面の真理を表しているような表現を示す言葉が B に入ることがわかる。よって、**ア**の「逆説的」が正解。

(9) 「表情」については、**9**段落で述べられていて、「表情」とは、「読まれるというかたちで、現われるやすぐに現われとは異なる次元に拉致される。意味の出現する表面として」とある。**11**段落に、顔の奥に内面が存在すると考えないほうがよいとあることを踏まえると、「表情」は、現われると、その「奥」にあると想定された「内面」の「意味」という次元に移され、解釈されてしまう顔のことであるということがわかる。以上のことを指定字数内でまとめる。

(10) 筆者の主張は**15**段落の 主張 「顔はむしろ……現われそのものである」というものであり、顔の「奥」に「内面」を想定し、顔はその内面が表出したものとする考えを否定している。そのことを踏まえると、筆者の考える「顔」の本質を表す言葉としては**ウ**「現われそのもの」のみである。

16 共同体のかたち

菅　香子

本文⇒60〜64ページ

本文図解

※問題を解く上で関連する箇所に小問の番号を付しています。

1 〈中略〉現代アートはいま、「エクスポジション」として自らを現しはじめている。

2 作品を「展示」するということは近代において特徴的な美術の展示の仕方だ。だが、あるときから、(1)「エクスポジション」は作品の制作そのもののうちに取り込まれていったようだ。〈中略〉それは、(1)芸術作品を成り立たせる重要な契機となっている。作品は、展覧会で「展示される」というだけではなく、自らが何かを露呈し呈示するものになっているのだ。そのことは、現代の芸術作品の重要な特徴になっているように見える。(3)現代の芸術作品は、何かを表現したり、何かを表象したり代理したりしているから作品として成り立っているのではない。そうではなく、何かを露呈し呈示することによって、作品たりえているのだ。

3 だが、何が露呈され、呈示されていると言うのだろう。(3)現代の芸術作品が露呈しているもの、それは、表象されえないものである。表象されえず、まさに呈示されるよりほかないものが、呈示されている。表象しえないものとは、見えない記憶であったり、何かが起きて消えていくという出来事であったり、存在の痕跡であったりする。つまり、何かに置き換えることが不可能なものだ。そういった表象不可能なものを現代の芸術作品がさらし出す。表象が、もはや、美的経験の支えとなりえない時代に、芸術作品は、美的経験の質を変えながら、表象から「エクスポジション」へと変化していったのだ。いま、「エクスポジション」

1

具体例
- 人々の視線にさらされる作品
- 人の「顔」を無防備に露呈する作品
- 屋外で野ざらしにされる作品
- 時間にさらされ絶え間ない変化に委ねられた作品
- 物質性を露わにする作品
- 鑑賞者の方を無防備にさらけ出す作品

2

「エクスポジション」とは
- 単なる「展示」ではなく、自らが何かを露呈し呈示すること

…芸術作品を成り立たせる重要な契機

3

「露呈」されるもの＝「表象されえないもの」

具体例
- 見えない記憶
- 何かが起きて消えていくという出来事
- 存在の痕跡

＝何かに置き換えることが不可能なもの

は芸術行為に取り込まれ、そして、芸術にとって根本的な意味を持ちはじめている。

4 芸術の「表象」から「エクスポジション」への変化をどのように理解したらいいのか。「表象」から「エクスポジション」へ移行したのはなぜだったのか。このことを探っていくと、現代の共同体論の展開と、現代アートの展開の相互に絡み合う深い関係が見えてくる。わたしたちは、現代における共同性についての思考と、「展示」され自らを「呈示」する現代アートの関係に注目した。

5 そもそも、芸術作品と共同性は切り離して考えうるものではない。作品が何かの「表象」であるにしても、何かの「エクスポジション」であるにしても、それはつねに共同性とかかわり合ってきた。なぜなら、イメージは「見られるもの」であり、どのように現れているにせよ、芸術作品はつねに「見られること」を前提として作られてきたからだ。〈中略〉どのような形態の作品であれ、(4)人の目に触れることが重要であり、誰かに見られることによって作品として成立する。作品はつねに他者を前提としている。

6 また、イメージは、言葉と同じように、コミュニケーションの基本的な媒体であり、共同性を本質的に含み込んでいる。(5)イメージはつねに、わたしたちに見られ、わたしたちのあいだで分かち合われる。イメージは、見ることを通して、人々を結びつけてきた。イメージは、人間が複数で存在しているということ、つまり人間が共同存在であることを目に見えるものにする。人々のあいだにイメージが差し出されることで、「共に在ること」は実現された。つまり、(5)イメージは、分かち合いを引き起こすものとして機能してきたのである。だから、芸術作品は根本的に共同的なものであり、人が共同であることに対して働きかける何かなのである。

7 芸術作品がこのようなものであるために、それは多くの場合、権力の問題を孕む「政治的なもの」として機能してきた。作品として何かを表象するということが、政治的に作用してきたのである。その作用は、「見ること」と「見せること」のなかで働いてきた。表象は、不在のものや死者を代理する作用と、力や権利を提示する作用を持つが、その二つの作用を織り交ぜることによって、

4

問題提起

芸術の「表象」から「エクスポジション」への変化をどのように理解したらいいのか。「表象」から「エクスポジション」へ移行したのはなぜだったのか。

→現代の共同体論の展開と、現代アートの展開の相互に絡み合う深い関係

5・6

芸術作品の特徴

・作品はつねに他者を前提としている

・イメージは、コミュニケーションの基本的な媒体で、共同性を本質的に含み込んでいる→分かち合いを引き起こす機能

←

7

芸術作品の「政治的なもの」としての機能

→「表象」の作用
- 不在のものや死者を代理する作用
- 力や権利を提示する作用

→イメージの共有によって、政治的共同体を成立させた
- 権力の目に見えるかたち
- 人々が経験を共有するための軸

「政治的なもの」として機能してきたのである。〈中略〉そして、近代の政治空間のなかでも、(5)人々はイメージを共有することによって、政治的共同体を成り立たせてきた。目に見えないものである「国家」は、イメージの力を借りて実現されてきた。(5)イメージは権力の目に見えるかたちであるとともに、人々が経験を共有するための軸だったのである。

8 〈中略〉絶滅強制収容所で、人は、(7)あらゆる主体の可能性から引き離され、単なる生きものとして、権力に対して、あるいは、剥き出しで死に対してさらされる。つまり、人は、いかなる表象も持ちえず、いかなる主体としても成立しえない状態に置かれたのである。(7)「生政治」の究極的な実現は、人を死に対してさらしながら、主体という権能を剥奪するものだった。

9 絶滅強制収容所において、人間は「主体」を解体される空間を経験したのだが、同時にそれは、想像することも語ることもできない出来事であったために、表象が可能なのかどうかが根本的に問い直された場所でもあった。そして、表象の不可能性にさらされたイメージは、表象されるものでもなく、ただ呈示される「エクスポジション」へと変わっていく。絶滅強制収容所の出現は、一方で人をただ、さらされるというあり方でしか存在しえないものに変えてしまい、もう一方では表象されえないものがあることを明らかにした出来事であった。〈中略〉

10 そして、この人間のあり方を根本的に変えてしまった出来事は、共同体についての想定を変えることにもなった。このとき、(8)表象可能な共同体や、人間が表象の主体であるような状況は決定的な試練にさらされたのだ。〈中略〉そして、まさにその不可能性のうちに、(9)人が根本的に「共に在る」ということが見出された。人が「個」ではなく、自らを表象することもできず、ただ存在を分かち合うものでしかないことが示され、人間の根本的な共同性にたどり着いたのだ。

11 マルティン・ハイデガーが人間存在を「主体」ではなく「共存在」として思考したことを契機として新たに展開された現代の共同体論では、「主体」によって作られるべき共同体、あるいは理想や目的として構築されるべき共同体では

8・9 権力を支え政治空間を支えてきたイメージの変化

・**絶滅強制収容所**の出現
人の「主体」が剥奪され、権力・死に対してさらされた
← 想像することも語ることもできない出来事であったため
表象が可能なのかどうかが根本的に問い直された

・人をさらされるというあり方でしか存在しえないものに変えた
・表象されえないものがあることを明らかにした
→「エクスポジション」への変化

10
・共同体についての想定の変化
← 表象可能な主体による、表象可能な共同体が、もはやありえないものとなった
← その不可能性のうちに、人が根本的に「共に在る」ということが見出された＝人間の根本的な共同性

11・12
「**共存在**」（マルティン・ハイデガー）
つねに他者と「共に」存在する人間は、お互いに対して露呈していて、その露呈こそが共同性を要請し、生起させる
「根本的な共同性」というあり方の芸術への影響
イメージの表象から「エクスポジション」への変容は必然
理由 共同体論という哲学的な探求と、芸術作品のあり方の変化は、絡み合って進んできたから

なく、存在の前提としてすでにある共同性が明らかにされた。つまり、「主体」を前提として作り上げられる共同体が破綻したそのときに、その「不可能性」の経験をベースにして、現代の共同体論が展開されていったのである。(9)(10)わたしたちは、「個」や「主体」である前に、必然的に「共存在」である。必ず、他者と「共に」存在するということだ。「共存在」としての人は、お互いに対して露呈していて、その露呈こそが共同性を要請し、それを生起させるということが明らかにされた。

12 ハイデガー以降の現代の共同体論で確認されたのは、「共存在」としての人間のあり方であり、わたしたちが受動的にさらされている根本的な共同性だった。そして、その共同性のあり方は、「表象の不可能性」の後に試みられてきた芸術の営みを照らし出すことになる。これは偶然ではない。(11)芸術と共同性とがつねに絡み合ってきたものであることを考えれば、この二つが呼応し合うのは当然のことだろう。共同体論という哲学的な探求と、芸術作品のあり方の変化は、絡み合って進んできたのであり、イメージの表象から「エクスポジション」への変容は、共同性についての思考の変容と密接に、そして必然的に結びついている。

13 絶滅強制収容所という歴史的体験のあとに、「主体」の能力である表象が崩壊し、芸術は「主体」の解体から成り立つような無為のものとして現れはじめ、同じように共同性も実体として成り立たない、無為の営みとして現れてきた。共同存在としての人間、そして芸術作品は、単に露呈しかされないものとして、つまり「エクスポジション」として自らを示している。この「エクスポジション」が、現代における人間のあり方であるとともに、芸術作品のあり方なのである。

14 〈中略〉芸術作品は、見る者に対して開かれていて、共同性に対して開かれている。「エクスポジション」としての現代アートは、作品を「呈示」し、そこに共同性を生起させると同時に「露呈」させる。作品そのものの「呈示」を通して、わたしたちを共同性にさらしているのである。不可能な共同性が露呈されること、かつ、わたしたちがそれを見て受けとるという関係のなかで、共同性はそれと名指されることなく生きられている。

13・14

絶滅強制収容所という歴史的体験のあと

芸術…「主体」の解体から成り立つような無為のもの
共同性…実体として成り立たない、無為の営み

↓

単に露呈しかされないもの（＝「エクスポジション」）
＝現代における人間・芸術作品のあり方

…作品を「呈示」し、共同性を生起させると同時に、わたしたちを共同性にさらしている

↓

主張
現代アートにおける芸術作品は、「共存在」としての人間のあり方をもとにした共同体論と絡み合っている。「エクスポジション」として他者に露呈し、それを受け取るという関係のなかに、共同性が生起する。

全体の段落構成

1～**4** 前提・問題提起
芸術作品は「表象」から「エクスポジション」へ

↓

5～**12** 本論
芸術作品と人間のもつ共同性
- **5**～**7** イメージの作用とその利用
- **8**～**10** イメージで表象されえないもの
- **11**・**12** 「共存在」としての人間

↓

13・**14** 結論
エクスポジションとしての芸術作品が、新たな共同性を生起させる

解答

(1) エ
(2) ウ
(3) ア
(4) イ
(5) エ
(6) エ
(7) さらされる
(8) イ
(9) (例) 人間は「個」や「主体」である前に、他者と共にあることを前提としているということ。(40字)
(10) (例) 人の存在は他者なしには成立しない(16字)
(11) ア

解説

(1) 「エクスポジション」自体は本来「展示」「陳列」という意味の言葉であるが、傍線部①の前の 具体例 「人々の視線にさらされる」「無防備に露呈する」「野ざらしにされる」などの言葉から、本文の「エクスポジション」が、〝人前に露わにさらす〟というニュアンスがあることをおさえる。**2**段落に「『エクスポジション』は作品の制作そのもののうちに取り込まれていった」、「芸術作品を成り立たせる重要な契機」とあることから、現代アートにおいて、「エクスポジション」はどのように人々の前に出すかという点で芸術作品を成り立たせる重要な要素になってきている、ということである。よって、**エ**が正解。**ア**は「多くの人々が注目する場での表現を重視している」、**イ**は「置かれた環境にまかせることで、逆に作品としての価値を増している」、**ウ**は「何気ない顔や、芸術と思えないような物質を呈示する」や「希薄化していく人間性を表現しようとしている」が本文で述べられていないため不適。

(2) A の前に「表象されえないもの」の例として 具体例 「見えない記憶」「何かが起きて消えていくという出来事」「存在の痕跡」が挙げられ、それらを A に入る言葉でまとめている。「表象」が、ここでは、創作物が別の(思想や価値観などの)意味を表すことという意味で使われていることを踏まえると、「表象されえないもの」とは、何か別のものに意味を込めて表現することができないもの、という意味であることがわかる。よって、**ウ**が正解。

(3) 傍線部②に至るまでの「表象」「エクスポジション」の意味を整理する。**2**段落に「現代の芸術作品は、何かを表現したり、何かを表象したり代理したりしている」のではなく、「何かを露呈し呈示」しているとあることから、「表象」が、創作物によって何か別のものを表現したり、創作物に何か別のものの代理をさせたりすることを表し、「エクスポジション」は「何かを露呈し呈示する」ことだとわかる。また、**3**段落では、「エクスポジション」において、「表象されえないもの」が露呈されるのだと述べられている。つまり、「表象」から「エクスポジション」への変化とは、芸術作品が、何か思想や具体的なものを表現しようとする営みから、表象できないものの露呈・呈示へと変化していったことを表すことがわかる。よって、**ア**が正解。**イ**は「表象」を「描くことのできないものを表現」すること、「エクスポジション」を「具体的な事物を表現」することとしている点が不適。**ウ**は「表象」を「美的な経験を具体的なイメージとして伝え」ることとしている点が不適。**エ**は全体的に本文で述べられていないため不適。

(4) B のすぐ前に「人の目に触れることが重要であり、誰かに見られることによって作品として成立する」とあることから、**イ**が正解。

(5) 「イメージ」に関する記述から、傍線部③の意味を考える。傍線部③の前後に「イメージはつねに、わたしたちに見られ、わたしたちのあいだで分かち合われる」、「イメージは、分かち合いを引き起こすものとして機能してきた」とある。また、7段落に「人々はイメージを共有することによって、政治的共同体を成り立たせてきた」、「イメージは権力の目に見えるかたちであるとともに、人々が経験を共有するための軸だった」とある。以上の部分から、イメージは、見ることを通して、多くの人に共通する（権力などの）価値を受け取って、同じ（政治的）共同体を成立させてきたということがわかる。よって、**エ**が正解。**ア**は「永続的な共同体」、**イ**は「他者を理解する営みがそこで生まれる」、**ウ**は「見るという行為は、それを見ている複数の人々を意識しながらなされる」が本文で述べられていないため不適。

(6) 脱落している文に「表象が不可能になった」とあることに注目する。「表象が不可能になった」という内容が直接的に述べられているのは、9段落である。よって、**エ**が適切。

(7) 8段落以降から、絶滅強制収容所が人々の「主体」に及ぼした影響を読み取る。絶滅強制収容所において人は「あらゆる主体の可能性から引き離され、単なる生きものとして、権力に対して、あるいは、剥き出しで死に対してさらされる」、「『生政治』の究極的な実現は、人を死に対してさらしながら、主体という権能を剥奪するものだった」とある。つまり、絶滅強制収容所は、人が権力や死に対してさらされるというあり方でしか存在しえないものにしてしまったのである。よって、「さらされる」を抜き出す。

(8) 絶滅強制収容所の出現が共同体についての想定をどのように変えたのか考える。傍線部④のあとに「表象可能な主体による、表象可能な共同体」とある。7段落で「表象」が古代ローマの時代から「政治的なもの」として機能して、共同体を成立させてきたと述べられているように、「表象可能な主体」によって、「表象可能な共同体」を成立させることは当たり前のものだったのである。しかし、絶滅強制収容所の出現によって、「主体」が解体され、「主体」によって成り立っていた「共同体」のあり方が問い直されるようになったのである。よって、**イ**が正解。

(9) 10・11段落の人間存在に関する記述から考える。「人が根本的に『共に在る』ということが見出された」「わたしたちは、『個』や『主体』である前に、必然的に『共存在』である」とある。人が「個」や「主体」である前に、人は他者を前提としているということである。以上の内容をまとめる。

(10) Dのある段落は、文章のまとめにあたる部分である。「共同性」の契機となるものを本文から考える。11段落に「わたしたちは、……必ず、他者と『共に』存在するということだ。『共存在』としての人は、お互いに対して露呈していて、その露呈こそが共同性を要請し、それを生起させる」とある。つまり、他人なしでは人は存在しえないことが、共同性の契機になるのである。以上の内容を前後の言葉に合うようにまとめる。

(11) 本文において、芸術作品は他者に見られることを前提としていて、共同体と密接に関わっている（5段落）ため、絶滅強制収容所において共同体そのものをとらえ直すことになったときに、必然的に芸術作品も「表象」から「エクスポジション」へとそのあり方を変えることになったということが述べられている（12段落）。よって、**ア**が正解。**イ**は「人類にとって普遍的な価値を呈示する」が不適。「呈示」は「エクスポジション」に関わるものである。**ウ**は「非人道的な存在を批判するための目的を与えられることになった」、**エ**は「批判するための明確な主体の必要性」が本文で述べられていないため不適。